民族之魂

功成于谨

陈志宏◎编著

延边大学出版社

图书在版编目（CIP）数据

功成于谨 / 陈志宏编著 . –– 延吉：延边大学出版
社，2018.4（2023.3 重印）
（民族之魂 / 姜永凯主编）
ISBN 978–7–5688–4484–0

Ⅰ.①功… Ⅱ.①陈… Ⅲ.①品德教育－中国－青少
年读物 Ⅳ.① D432.62

中国版本图书馆 CIP 数据核字（2018）第 069108 号

功成于谨

_____

编　　　著：陈志宏
丛 书 主 编：姜永凯
责 任 编 辑：王　静
封 面 设 计：映像视觉
出 版 发 行：延边大学出版社
社　　　址：吉林省延吉市公园路 977 号　　　邮编：133002
网　　　址：http://www.ydcbs.com　　E–mail：ydcbs@ydcbs.com
电　　　话：0433–2732435　　　　　传真：0433–2732434
发行部电话：0433–2732442　　　　　传真：0433–2733056
印　　　刷：三河市同力彩印有限公司
开　　　本：640×920 毫米　　　　1/16
印　　　张：8　　　　　　　　　字数：90 千字
版　　　次：2018 年 4 月第 1 版
印　　　次：2023 年 3 月第 2 次印刷
ISBN 978–7–5688–4484–0

_____

定价：38.00 元

人有灵魂，国有国魂；一个民族，也有民族魂。

鲁迅先生曾经说过："唯有民魂是值得宝贵的，唯有他发扬起来，中国才有真进步。"

鲁迅先生以笔代戈，战斗一生，曾被誉为"民族魂"。

民族魂，顾名思义，就是一个民族的灵魂！民族魂，是一个民族的精髓，体现了一种民族的精神，是一个民族生存和存在的精神支柱。

什么是中华民族的民族魂？那就是中华民族精神！它是中华民族凝聚力的理念核心，是中华文明传承的基因。它包含热烈而坚定的爱国情感，对生活的美好愿望和追求，为目标努力奋斗的拼搏毅力，为正义事业不惜牺牲自己的精神，以及正确的人生观和价值观。

翻开浩瀚的中国历史长卷，我们可以看到数不胜数的，体现民族精神和民族魂的英雄人物和可歌可泣的感人故事。

民族魂，不仅体现在爱国主义精神和行动中，而且体现在各个领域自强不息的民族奋斗中。而中华民族精神的力量，更是深深植根于延绵几千年的传统文化之中，始终是维系中华各族人民共同生活的纽带，是支撑中华民族生存和发展的精神支柱，是不断推动中华民族前进的强大动力。

民族魂体现在"重大义，轻生死"的生死观中；民族魂体现在"国家兴亡，匹夫有责"的使命感中；民族魂体现在"我以我血荐轩辕"的大无畏精神中；民族魂体现在将国家利益置于最高的爱国情怀中！

　　纵观中华五千年文明史，曾经有多少杰出的政治家、军事家、思想家、文学家、科学家、艺术家；曾经有多少忧国忧民、鞠躬尽瘁的仁人志士；曾经有多少抗击外敌、英勇献身的民族英雄。他们或顺应历史潮流，积极改革弊政，励精图治，治国安邦，施利于民；或为人类进步而不断进行着农业、工业、科技、社会等各种创新；或开发和改造河山，不断创造着灿烂的中华文明；或英勇反击外来侵略，捍卫着国家主权和民族尊严；或坚决反对民族分裂，维护国家的统一……他们从不同的侧面，体现了中华民族的民族魂，谱写了几千年中华文明的壮丽诗篇，铸造了中华民族高尚而坚不可摧的"民族之魂"。

　　民族魂，就是爱国魂。从屈原在汨罗江边高唱的《离骚》，到文天祥大义凛然赴死前的"人生自古谁无死，留取丹心照汗青"的诗句；从岳飞的岳家军抗击入侵金兵，到郑成功收复台湾；从血雨腥风的鸦片战争，到硝烟弥漫的十四年抗战，再到抗美援朝的隆隆炮声……哪个为国捐躯的英雄不是可歌可泣的？

　　民族魂，就是奋斗魂。从勾践卧薪尝胆，到司马迁秉笔直书巨著《史记》；从鉴真东渡传播佛法终在第六次成功，到詹天佑自力更生建铁路；从袁隆平百次实验成为"水稻之父"，到屠呦呦的青蒿素获得诺贝尔奖……哪个不是历经艰难，最终取得成功？

　　民族魂，就是改革献身魂。从管仲改革到商鞅变法；从王安石变法到百日维新……哪次变法图强不是要冲破

民族之魂

旧势力的阻挠，或流血牺牲？

民族魂，就是创新魂。古有毕昇发明活字印刷，今有王选计算机照排；古有指南针、造纸术、火药、浑天仪、地动仪的发明，今有神舟号的相继飞天……哪个不是中华民族的智慧结晶？

自古以来，多少仁人志士为了维护人格的尊严和民族气节，以生命为代价！留下了"玉可碎不可污其白，竹可断不可毁其节"的称颂；有多少英雄豪杰，为理想和事业奋斗，面对死亡的威胁，大义凛然；有多少爱国壮士面对侵犯祖国的列强，挺身而出而献出生命。

伟大的中华民族孕育了五千年的辉煌，五千年的历史留下了璀璨的中华文明。

前 言

中国人的血脉流淌着顽强不屈的精神！我们的先辈用血汗和生命铸就了不朽的中华民族魂！换得如今中华大地的一片祥和安宁，换得我们现在的幸福生活。如今，我们要实现习近平主席提出的中国梦，依然需要我们秉承祖辈留下的这种"民族魂"。

青少年是国家的希望，亦是民族的未来。因此，爱国主义教育和励志图强教育要从青少年开始。为了增强对青少年的民族精魂和志向教育，我们精心编写了本套丛书——《民族之魂》丛书。

本套丛书将我国有史以来体现民族精神和民族魂的典型事迹，以通俗易懂的语言故事形式展现出来，适合青少年的阅读水平和欣赏角度。书中提供的人物和事件等故事，涉及社会的各个方面，有利于青少年学习和理

解，使读者能全方位地领悟中华民族精神。

为了帮助读者更好地理解和吸收故事的精神，编者在每篇故事后还给出了"心灵感悟"，旨在使故事更能贴近现实社会，让读者结合自身的需要学习领会，引发读者更深入的思考。

希望读者们可以从本套图书中获得教益，通过阅读，真正体会到中华民族之魂所在，同时能汲取其精华，不断提升自己各方面的素质和品格，为祖国新时代的建设和发展做出努力。

全套丛书分类编排，内容详尽，风格独具，是广大读者尤其是青少年爱国励志教育的优秀阅读材料。相信本套丛书一定可以成为青少年朋友的良师益友。

民族之魂

导　言

　　"谨"有谨慎小心、谨严、谨细、谨守和恭敬等意思。"谨"首先指在言行方面谨慎行事，不要轻举妄动。隋代的王通曾道："言不中，行不谨，辱也。"意思是，要不想遭受侮辱，不想遭受祸患，首先要注意自己的言行举止，平时要小心，不鲁莽行事。

　　"择可言而后言，择可行而后行"，要恭谨，对人以礼相待；要谨身节律，学会约束自己的嗜好。管好自己的言行，保全了自身后，要想干一番大事业，仍然离不开"谨"字，这个时候就需要谨细。"千里之堤，溃于蚁穴"，细节是不可忽视的。细节是生活与事业中一些很小的闪光点，但它的作用不可低估。有些人奉行做大事，就应不拘小节，结果往往因此而失败。所以，把握好细节对事业的成功至关重要。

　　"谨细"之后就是严谨，即具备严肃认真、谨慎小心而又脚踏实地的精神。汪中求先生在他的《细节决定成败》一书中写道："在中国，想做大事的人很多，但愿意把小事做细的人很少。我们不缺少雄韬伟略的战略家，缺少的是精益求精的执行者；不缺少各类管理规章制度，缺少的是规章条款不折不扣地执行。我们必须改变心浮气躁、浅尝辄止的毛病，提倡注重细节，把小事做细。"

"谨"作为中华民族的传统美德之一，包含了太多的内涵，它是古老的中华文化精华的一部分，是古代圣人智慧的结晶。古往今来，多少志士仁人践行着这一美德。今天，不管是学者大家还是普通大众，仍然有人在继续着这一美德。他们或者恭谨处事，或者谨细服务，或者严谨治学，用他们的诚意与努力继承和发扬着这一可以成为一生财富的美德。

在本书中，我们精心选编了历史上反映"功成于谨"的经典事例，希望读者通过阅读此书，可以从中受到启迪和教益，在今后的学习、生活和工作中，能够继承"谨"的美德，为理想而努力，从而收获属于自己的成功。

2

目录

CONTENTS

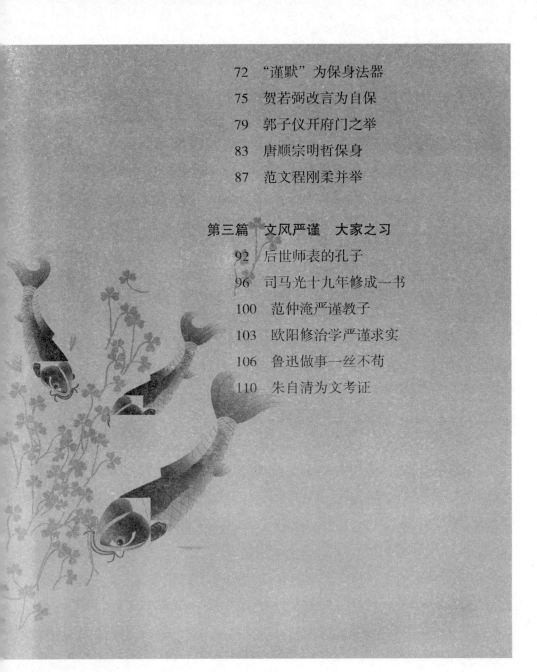

第一篇

谨言慎行　成就大事

周武王谨行成大业

> 姬发（？—前1043），姬姓，名发，谥号武王，西周的创建者。姬发是周文王的次子，约公元前1056年文王死，他继承王位，沿用"受命"年。姬发继承其父遗志，推翻商朝统治，成为西周王朝的开国之君。牧野大战之后，商军全线溃退，纣王逃回殷都自焚于鹿台。后姬发建都镐京，建立诸侯国，在位19年崩，谥号"武王"。

商朝时期，商纣王是一个残酷暴虐、荒淫无度的庸君，他在位期间，肆意杀害宗室大臣，甚至以残害百姓为乐。大臣们多次强谏，纣王都不知悔悟，反而将这些大臣驱逐出朝歌。

在暴君纣王的统治下，商朝的政治十分腐败，但军事上仍有较强的实力。周武王姬发审时度势，等待时机灭掉商朝。他即位9年后，为便于日后进攻商都朝歌（今河南淇县），将都城由丰（今陕西西安西南沣水西岸）迁至镐（今陕西西安西南沣水东岸），并举行了历史上著名的"孟津观兵"。

这次观兵其实是一次为灭商作准备的军事演习和检阅。周武王先率领大军先西行至毕原（今陕西长安县内）文王的陵墓进行祭奠，然后转而东行，向朝歌前进。在中军，武王竖起写有父亲西伯昌名字的大木牌，自己只称太子发，意为仍由文王任统帅。当大军抵达黄河南岸的孟津（今河南孟津县东北）时，有800名诸侯闻讯赶来参加。人心向周，商纣王孤立无援的形势已形成。

于是，周武王又派人到商朝去察看情况。不久，被派去的人捎信来说："商朝现在是奸人当道，群臣离心离德。"但武王认为，行事还应小心，伐商的时机还未到。

后来，武王又接到报告说："商朝的百姓只是内心愤怒，闭口不敢说话，但对商纣王的恨表现得咬牙切齿。"尽管如此，武王还是谨慎地按兵不动。

最后，被派去的人又捎信说："商朝国势危殆，民心动乱，一场大的暴动正在酝酿着。"

这时，周武王才觉得讨伐纣王的时机已经成熟，于是联合八方诸侯国，向商朝发起总攻。

在出发前，太史卜了一卦，得兆象大凶。见是不吉之兆，百官都大惊失色，但武王决心已定，毅然率兵车300乘、近卫武士3000人、甲士4.5万人向朝歌进发。当大军到达朝歌郊外70里处的牧野（今河南汲县南）时，各诸侯率兵车4000乘至此会合。

当商纣王闻知周兵已到，慌忙调集城中士兵，又把囚犯、奴隶、战俘武装起来，共起兵17万（一说70万）相迎。双方在牧野展开大战。

在战斗中，周军士气高涨，奋勇冲杀。纣王自以为兵多士众，可他万万没想到，当两军相遇后，奴隶兵突然在阵前倒戈，引周军杀入朝歌。纣王见大势已去，登上鹿台，自焚身死。商朝由此灭亡。

所谓"时来莫错过，无机莫强求"，在时机没有到来时，切不可勉强行事，一定要小心谨慎。有不少事情是必须靠等待的，如瓜的生长，需要一个时间的过程，才会瓜熟蒂落。周武王成功伐纣就恰恰证明了这一点。

■史海撷英

周武王的政策

周武王姬发攻灭商朝后，建立了西周，定都镐京，成为我国历史上第三个奴隶制王朝。

为了巩固自己的统治，周武王采纳了周公对商民进行安抚以稳定天下形势的策略，以公、侯、伯、子、男五等爵位分封亲属和功臣，让他们建立自己的诸侯国。比如，封姜尚于营丘为齐国，封周公于曲阜为鲁国。他还让纣王之子武庚留在商都，封为殷侯，这也大大地安定了商朝的遗民，减少他们的敌对情绪。

与此同时，武王还释放囚犯，赈济贫民，发展生产，从而促进了西周初年政治经济的稳定与发展。

建国后的第三年，武王因病去世，武王之子诵继位，是为周成王。由于成王年纪尚小，便由周公旦摄理朝政。

周武王因消灭了腐朽的旧王朝，建立了新的王朝，故而也成为历史上少数的名王之一，受到后人称颂。

季文子行事谨小慎微

季文子（？—前568），即季孙行父，姬姓，季氏，谥文，史称"季文子"。他是春秋时期鲁国的正卿，公元前601年到公元前568年执政。季文子的祖父是鲁桓公之子友，公子友按照排行称"季友"。季友辅佐鲁僖公执政多年，谥成，史称"成季"。成季有子无佚，无佚生行父。季孙行父为人谨小慎微，克俭持家，执掌鲁国朝政30多年，厉行节俭，开一代俭朴风气；开初税亩，促进鲁国的改革发展。

春秋时期，季文子出身于三世为相的家庭，是当时鲁国的贵族，也是著名的外交家。他为官30多年，一直严格约束自己，力求慎简，并要求家人也过俭朴的生活。

季文子曾经说过："谨身节用，是以为家。谨身节用，方以为国。"就是说，不管在什么时候，"谨"都是十分重要的。每个人都会有欲望，但要学会"谨"，也就是约束自己。只有这样，才能真正地完善自己，为家为国。因此，季文子穿衣只求朴素整洁，除了朝服以外，便没有几件像样的衣服了。每次外出，他乘坐的车马也十分简单。

见季文子这样谨身节用，当时有个名叫仲孙它的人就劝季文子说：

"您身为上卿，德高望重，但听说您在家里不准妻妾穿丝绸衣服，也不用粮食喂马，您自己也不注重容貌服饰，这样不是显得太寒酸，让别国的人笑话您吗？这样做也有损于我们国家的体面，人家会说：'鲁国的上卿过的是一种什么样的日子啊？'您为什么不改变一下生活方式呢？这于己于国都有好处，何乐而不为呢？"

季文子听后，淡然一笑，然后严肃地回答说："我也希望把家里布置得豪华典雅，但是看看我们国家的百姓，还有许多人吃着粗糙得难以下咽的食物，穿着破旧不堪的衣服，还有人正在受冻挨饿。想到这些，我怎能忍心去为自己添置家产呢？这个时候如果不努力约束自己，让自己过更简朴的生活，如何体现个人的修养？如果平民百姓都粗茶敝衣，而我则装扮妻妾，精养良马，这哪里还有为官的良心？况且，我听说一个国家的强盛与光荣只能通过臣民的高洁品行表现出来，并不是以他们拥有美艳的妻妾和良骥骏马来评定的。既然如此，我又怎能接受你的建议呢？"

季文子的这一番话，说得仲孙它满脸羞愧，同时内心对季文子更加敬重。

此后，仲孙它也效仿季文子，十分注重"谨身"，约束自己的物质生活，过着简朴的日子，妻妾们也只穿用普通布做成的衣服，家里的马匹也只用谷糠、杂草来喂养。

■ 故事感悟

古语道："谨身节用，以养父母，此庶人之孝也。"季文子约束自己的行为，过节俭的日子，不仅仅是为了父母，更是为了国家。骄奢能让一个人堕落，能让一个国家灭亡，正是认识到这一点，季文子才如此谨身节用，小心翼翼。

■ 史海撷英

季文子因俭免灾

季文子在世的时候,就以廉洁简朴的形象而在诸侯国中形成了良好的口碑。

晋楚两国发生鄢陵之战后,鲁卿叔孙侨如为了逞一己之私,怂恿晋国扣押了前往参加盟会的季文子,并以做晋的属国为条件,要求晋国杀掉季文子。但是,晋卿范文子并没有这样做,因为在他看来,"季孙于鲁,相二君矣。妾不衣帛,马不食粟,可不谓忠乎?"杀这样的人是不得人心的。最终,季文子得以全身而归。

在这一事件中,虽然不能忽视晋卿范文子的作用,但最终促使范文子这样做的原因,正是季文子的廉洁简朴。作为在鲁国掌权十几年的重臣,季文子去世时,竟然"家无衣帛之妾,厩无食粟之马,府无金玉"。堂堂三朝元老不仅没有什么积蓄,甚至家臣连丧葬用品都准备不齐,确实让人慨叹不已。

■ 文苑拾萃

三思而行

"三思而行"出自于《南齐书·公冶度》:"季文子三思而后行。"这句话是说季文子做任何事之前,都要经过反复考虑,然后再去做。

"三思而行"的典故最早见于《论语·公冶长》:"季文子三思而后行。子闻之,曰:再,斯可矣。"意思是说,季文子做事很谨慎,凡事都会思考三次以后才做决定。孔子听说后,却有些不以为然,说:"思考两次,就可以啦。"

这句话后来便演变成"三思而行,再思可矣",或者干脆只说"三思而后行"。原意为孔子不赞成做事太过于谨慎,因思虑太多就会失去机会。后来意义上也有些变化,总体上大家还是比较倾向于做事多考虑几次谨慎些更好。

嘴巴紧闭的"金人"铭文

孔子（公元前551—前479），名丘，字仲尼，兄弟排行第二。他是春秋后期鲁国人，汉族，儒家的创始人。孔子有一套虽不周密却相当完整的思想体系和政治见解。孔子思想中最光辉的一点是提倡"仁"，"仁"就是"爱人"。

《孔子家语·观周》中记载，孔子从鲁国到周朝的都城洛邑游学时，去参观了周朝供奉周太祖后稷的宗庙。

在庙右边的台阶前面有一个"金人"，这是个用铜浇铸的人像，但是人像的嘴巴是紧闭着的，其背后有一篇铭文，说："这是古时候说话小心的人，警惕啊！警惕啊！不要多说话，多说话只会多坏事。不要多事，多事多祸患。太舒适的人要警戒，不要做后悔的事情。不要说这有什么可怕，它的祸患将要增长呢；不要说这有什么害处，它的祸患可大着呢；不要说这有什么残忍，它的祸将像火一样慢慢地燃烧呢；不要说别人听不到，天妖正在窥伺着。微明的小火不灭，势盛的大火又奈它何；细小的水只要不堵塞，最后终将变成江河；长长的线不断绝，最后终将织成网罗；茂盛的木材不砍伐，最后就会长成参天大树。不谨慎，将是一切的祸源。认为这没有什么妨碍，就是祸患的开端。强横的人不得好死，好胜的人必定遭遇对手。强盗劫掠富人，人民厌恶权贵。君子知道天下不能完全遮盖，所以要退让一点，谦卑一点，让人家羡慕他；能够做到退让一点，谦卑一点，就没有人同他争。人家都向那边去，我独守这里；大家都迷惑，我独和他们不同；内心藏有智慧，不和人家计较技艺；我地位虽高，没有人害我。江河能汇集百川，因为它地位卑下。老天是公平的，它只知道常常帮助好人。警惕啊！警惕啊！"

孔子认认真真地读完了这篇铭文，感触很深，回头对弟子们说："你们要记住，这话虽然很鄙俗，却很切合情理。《诗经》上说：'说话一定要小心谨慎，好像接近深渊一样，好像走在薄冰上一样。'一个人能够像这样地立身处世，哪里还会因为失言而遭到灾祸呢？"

■故事感悟

正如孔子所说，说话就像走在薄冰上一样，随时都有掉下去的危险。"金人"之所以紧闭着嘴巴，就是为了少说话，远离危险。在生活中，即使是很好的朋友，也可能因为无意中的一句话导致一场危机，这样的例子实在是数不胜数。言多必失的古训犹在耳边，所以说，择可言而后言，才是明智之举啊！

■史海撷英

莱布尼茨赞儒学

德国的莱布尼茨是第一个承认中国文化对西方作出过重大贡献的西方学者。他曾经研究过中国的《易经》，他发现：如果阴爻代表0，阳爻代表1，那么，《易经》的图像从0到64正好为二进制的连续数列。这与他在

1678年发明的二元算术是完全一致的。据此，莱布尼茨深信，中国的哲学具有充足的科学根据，所以他也赞美儒学，甚至公然宣称，在道德和政治方面，中国人优于欧洲人。

莱布尼茨还斥责那些在中国传统思想面前夜郎自大的欧洲学者："我们这些后来者，刚刚脱离了野蛮状态就想谴责一种古老的学说，理由只是因为这种学说似乎首先和我们普通的经院哲学的概念不相符，这真是狂妄至极！"

莱布尼茨对中国文化的重视也引起了全世界的注意，后来，一位名叫五来欣造的日本学者认为："儒教不仅使莱布尼茨蒙受了影响，也使德意志蒙受了影响。"

■文苑拾萃

池州夫子庙麟台

（唐）韦表微

二仪既闭，三象乃乖。圣道埋郁，人心不开。
上无文武，下有定哀。吁嗟麟兮，孰为来哉。
周虽不纲，孔实嗣圣。诗书既删，礼乐大定。
劝善惩恶，奸邪乃正。吁嗟麟兮，克昭符命。
圣与时合，代行位尊。苟或乖戾，身穷道存。
于昭鲁邑，栖迟孔门。吁嗟麟兮，孰知其仁。
运极数残，德至时否。楚国寖广，秦封益侈。
墙仞迫阨，崎岖阙里。吁嗟麟兮，靡有攸止。
世治则麟，世乱则麇。出非其时，麋鹿同群。
孔不自圣，麟不自祥。吁嗟麟兮，天何所亡。

孟母三迁择良邻

> 孟母（生卒年不详），孟子的母亲仉氏。战国时人，以教子有方而著称。孟子3岁丧父，靠母亲教养长大成人，并成为后世儒家追慕向往的亚圣。孟母也留下了"孟母三迁""断机教子"等教子佳话。

孟子在3岁的时候，父亲就去世了，母亲靠纺纱织布来维持生活。家里的日子虽然过得很贫苦，但母亲一心想要把孟子教育好，让他长大后成为一位对社会有贡献的人。

可是，孟子从小十分淘气、贪玩。他经常与村里的孩子一起上树掏鸟窝，下河去摸鱼虾，有时甚至玩得忘了回家。小心细致的孟母认为环境对人可以产生很大的影响，必须寻找一个好的环境来教化儿子，因此便把家搬离了那些住有淘气孩子的地方。

但是，新搬的地方隔壁又是个铁匠铺，孟子又学着铁匠玩起打铁来。于是，孟母又一次搬家，这次她干脆把家搬到了郊外的荒野之处。她认为，这样单独居住，儿子便能专心念书了。谁想到，每年的清明节，荒野中会来很多上坟的人，于是，孟子就从家里跑出去观看人家上坟，甚至学着大人的样子，拿小树枝挂纸钱、烧香、磕头。

孟母不得不第三次搬家。这一次，她把家搬到了一所学校的旁边，而且正式把儿子送到学校里拜师读书。可是，枯燥乏味的教学让孟子忍耐不住，他逃学了。

这次，孟母再也忍不住了，她一把把儿子拖到织布机旁，拿起剪刀，"咔嚓"几下就把自己织的布全剪断了，还生气地说："不愿读书的人将来长大了就与这剪断的布一样，是没用的东西！"

孟子终于受到了触动，下决心不再辜负母亲对自己的希望，从此发奋读书，最后终于成为战国时期的大学问家。

■故事感悟

为了让儿子成才，孟母付出了许多心血。她深知在孩子学习正当年的时候，任何不好的环境都会影响孩子，所以多次搬家，最终为儿子选择了最适合学习的地方。谨细如此，真是可怜天下父母心啊！

■史海撷英

孟母买肉啖子

孟子很小的时候，孟母不仅重视客观环境对孟子的影响，还十分注重言传身教，经常以自己的一言一行、一举一动来启发教育孟子。

有一次，邻居家正在磨刀准备杀猪。孟子见了很好奇，就跑去问母亲："邻居在干什么？"

"在杀猪。"

"杀猪干什么？"

孟母听了，随口说道："是给你吃啊。"

刚说完这句话，孟母就后悔了，因为邻居并不是为孩子杀的猪，而自已欺骗了他，这不是在教他说谎吗？

为了弥补这个过失，孟母便真的买来邻居家的猪肉给孟子吃了。

□文苑拾萃

得道多助，失道寡助

（战国）孟　子

天时不如地利，地利不如人和。

三里之城，七里之郭，环而攻之而不胜。夫环而攻之，必有得天时者矣，然而不胜者，是天时不如地利也。

城非不高也，池非不深也，兵革非不坚利也，米粟非不多也，委而去之，是地利不如人和也。

故曰，域民不以封疆之界，固国不以山溪之险，威天下不以兵革之利。得道者多助，失道者寡助。寡助之至，亲戚畔之。多助之至，天下顺之。以天下之所顺，攻亲戚之所畔，故君子有不战，战必胜矣。

诸葛亮三思择主

诸葛亮（181—234），汉族，字孔明，号卧龙。他是三国时期蜀汉杰出的丞相以及政治家、军事家、战略家、散文家、外交家。诸葛亮27岁时，刘备三顾茅庐，诸葛亮遂出山辅佐刘备，联孙抗曹，赤壁之战大败曹军，形成三国鼎足之势，夺占荆州。刘备在成都建立蜀汉政权，诸葛亮被任命为丞相，主持朝政。蜀汉后主刘禅继位，诸葛亮被封为武乡侯，领益州牧，建立丞相府以处理日常事务。当时，全国的军、政、财，事无大小，皆由诸葛亮决定，赏罚严明。对外与东吴联盟，对内改善与西南各族的关系，实行屯田，加强战备。建兴五年（227年），诸葛亮上书（即《出师表》）刘禅，率军出驻汉中，前后5次北伐中原，多以粮尽无功，终因积劳成疾，病逝于五丈原军中。

诸葛亮是三国时候著名的谋臣，他一生谨慎小心，留下了许多千古佳话。尤其在择主的问题上，他的小心可见一斑。

诸葛亮生于琅邪郡阳都县的一个官吏之家，但是父母早逝。为避战乱，诸葛亮与弟弟诸葛均一起跟随叔父诸葛玄去襄阳投奔荆州牧刘表。

刘表与诸葛玄是旧交，后来诸葛亮娶襄阳名士黄承彦之女为妻，其岳母与刘表的后妇蔡氏是同胞姐妹，这样一来他们又多了一层亲戚关系。刘表手握节钺，生杀予夺，皆可自专，安排诸葛亮在自己幕下供职不过是举手之劳，但是，诸葛亮并没有选择投靠他。

对于自己要辅佐的人，诸葛亮有着自己的条件，那就是必须具有雄才大略，能够审时度势、礼贤下士的一代英主。刘表居安自保，充其量是个据守一方的军阀而已，他怎么可能将自己的前途、命运，特别是自己的政治抱负寄托给这样一个人呢？历史注定刘表不会用诸葛亮，诸葛亮也不会选择刘表。于是，在建安四年（199年）左右，诸葛亮离开襄阳，在南阳卧龙岗躬耕自食，与烟波钓徒为伍。

那时正值汉朝末年，黄巾事起，天下大乱，曹操坐踞朝廷，孙权拥兵东吴，天下形势紧张，各路君主都在招兵买马，招揽人才。

这时，徐庶和司马徽便向汉宗室豫州牧刘备推荐诸葛亮，说诸葛亮很有学识，又有才能，是一个难得的人才。求贤若渴的刘备就和关羽、张飞带着礼物到卧龙岗去请诸葛亮出山辅佐自己。

诸葛亮对刘备也是早有耳闻。一个个割据政权，一个个军阀谋主，在诸葛亮心目中都各有尺码。古人曰：旁观者清。处在卧龙岗静观事态变化的诸葛亮自然看到刘备东征西讨，已显出英雄气度，"弘毅宽厚，知人待士，盖有高祖之风，英雄之器焉"（《三国志·刘备传》）。但是，他并没有立刻出门迎接刘备一行，而是离家外出了。此时的诸葛亮自有打算。

这天，当刘备一行三人来到诸葛亮居住的茅屋时，发现诸葛亮出去了，三人只得失望而归。不久，刘备又和关羽、张飞冒着大风雪第二次去请，不料诸葛亮还是不在。张飞本不愿意再来，见诸葛亮不在家，就催着要回去。刘备只好留下一封信，表达了自己对诸葛亮的敬佩之情和请他出来辅佐自己挽救国家危亡的意思。

过了一段时间，刘备吃了三天素之后，准备再去请诸葛亮，关羽就说诸葛亮也许只是徒有虚名，未必有真才实学，不用去了。张飞却主张由他一个人去叫，如他不来，就用绳子把他捆来。刘备把张飞责备了一顿，三人第三次出发去请诸葛亮。

这一次，诸葛亮终于在家了。但是当他们来到诸葛亮家门前时，发现诸葛亮正在睡觉。其实诸葛亮并没有真的睡觉，只是想考验一下刘备。结果刘备不敢惊动他，一直在门外站着等候。

过了好一阵，诸葛亮才微笑着走出门来，请刘备等人进屋。接着，诸葛亮与刘备进行了一番深入长谈，这就是大家所熟悉的《隆中对》。在谈话中，诸葛亮对当时天下的形势分析得非常清楚，提出三分之势在当时是不可逆转的。讲清形势以后，他又向刘备指出，第一，要夺取荆州，然后向益州发展，这样能够形成一种三足鼎立的形势，这是一个总体的战略；第二，在三足鼎立的形势下，要联吴抗曹，跟孙权联合起来对付曹操；第三个，要内修政理，这样，在一个适当的机会，就可以出兵北伐，统一天下。

诸葛亮的《隆中对》使刘备对未来有了一个明确的目标。经过一番交谈，刘备和诸葛亮彼此顿时如获知音，相见恨晚。诸葛亮更有感于刘备的真诚和雄才伟略，决定出茅庐助刘备。

后来的事实证明，诸葛亮的小心谨慎是对的，他跟随刘备一起打江山，干出了一番伟业。想当初，他能抗拒一时名利的诱惑，投身前景并不光明的刘备，说明诸葛亮比别人有远见，他追求的不是一生一世的功名显赫，更不是所从属政治集团的整体"事业"，而是"光昭将来，刊载不朽"的万世美名。同时，他也看中了刘备人才匮乏的现状将给自己提供无比广阔的发展空间。后来，对待东吴的拉拢，他巧妙地回答："孙将军可谓人物，然观其度，能贤亮而不尽亮，吾是以不留。"

■故事感悟

刘备三顾茅庐邀请诸葛亮出山，正因为这份真诚，使诸葛亮最终下定决心，出山辅佐刘备。正所谓"良禽择木而栖，良臣择主而事"，这充分说明诸葛亮择主的谨慎。作为一名谋臣，他没有朝秦暮楚，而是谨慎地选择了一个明君，和刘备形成了几十年的君臣关系，被传为千古佳话。

■史海撷英

茶 祖

中国的茶文化源远流长，这不能不说是诸葛亮的贡献。

有一年，诸葛亮率军南征云南，在这里，将士们遇到了大山中的瘴气，大多都中毒染病。一天，诸葛亮忽然梦见一位白发老人托梦，顿悟出以茶祛病的方法。果然，茶到病除，士气大振。

为了答谢白发老人的托梦之恩，更为了造福当地百姓，在征战结束后，诸葛亮便在当地的大山中播下了大量的茶籽，种茶成林，并把烹茶技艺传授给当地人。在云南的古茶区，现在还有"孔明山""孔明茶"等。每年农历7月23日诸葛亮的诞辰日，当地人都要举办"茶祖会"，以纪念诸葛亮给当地人带来茶种、带来健康、带来先进文化的贤德。

■文苑拾萃

刘备其人

刘备能从一个卖鞋的汉朝皇室远亲，成为割据一方的军阀，最后成为蜀汉的开国皇帝，与他的用人策略是分不开的。刘备既没有曹操一代枭雄的政治家谋略，也缺乏孙权割据江东的根据地，他却能以一介布衣而与曹操和孙权三分天下，他所依靠的，仅仅是"一哭二赖三义气"。

刘备的哭可谓世间一绝，他先哭得谋臣诸葛亮，再哭得荆、益之地，又以哭得诸葛亮不敢有废刘禅而代之的非分之想，真是哭得前无古人、后无来者。而他的赖，也是很有名的，先是赖陶谦，得到下邳以栖身，后来又赖鲁肃，逼得东吴无法讨回荆州。

而刘备唯一失败的地方，可能就是他的义气用事了。他虽然以义字得到了关羽、张飞两员猛将，但也为这两员猛将的死而放弃了"联吴抗曹"的立国方针，尽全国之兵伐吴，结果被陆逊打败，自己也忧郁而死，导致蜀汉从此衰落，无力再取中原，最后率先被灭。

石奋恭敬谨严

石奋（？—前124），西汉河内郡温县人。"战战兢兢，如临深渊，如履薄冰"，谨慎小心是石奋性格的主要特征。司马迁认为，石奋虽不善言谈，却敏于行事。

汉高祖刘邦东进攻打项羽，途经河内郡，当时，石奋只有15岁，做了一个小官吏，侍奉高祖。高祖与石奋谈话，很欣赏他恭敬谨慎的态度，就问他说："你家中还有些什么人？"

石奋回答说："我家中只有母亲，不幸眼睛已失明。家中很贫穷。还有个姐姐，会弹琴。"

高祖又说："你愿意跟随我吗？"

石奋回答说："愿竭尽全力侍奉。"

于是，高祖就召石奋的姐姐入宫做了美人，并让石奋做了中涓，主要受理大臣进献的文书和谒见之事，他的家也迁到了长安的中戚里。

到了汉文帝时期，石奋的官职升至太中大夫。虽然他不通儒术，可是恭敬谨慎却无人可比。

汉文帝时，东阳侯张相如做太子太傅，后来被免了职，文帝便重新选择可以做太傅的人，大家都推举石奋，于是石奋做了太子太傅。等到景帝即位后，石奋更是官居九卿之位。由于石奋过于恭敬谨慎而接近自己，景帝也很畏惧他，便调他做了诸侯丞相。

石奋的长子石建，二子石甲，三子石乙，四子石庆，都因为性情和顺，对长辈孝敬，办事谨慎，官位做到2000石，因此景帝说："石君和四个儿子都官至2000石，作为人臣的尊贵荣耀竟然集中在他们一家。"所以，就称呼石奋为"万石君"。

景帝末年，石奋享受上大夫的俸禄告老回家，在朝廷举行盛大典礼朝令时，他都作为大臣来参加。在经过皇宫门楼时，石奋一定要下车急走，表示恭敬，见到皇帝的车驾也一定要用手扶在车轼上表示致意。

他的子孙辈做了小吏，回家看望他时，石奋也一定要穿上朝服接见他们，而且不直呼他们的名字。子孙中有人犯了过错，他也不斥责他们，而是坐到侧旁的座位上，对着餐桌不肯吃饭。这样，以后其他的子孙们就纷纷责备那个有错误的人，再通过族中长辈求情，本人袒露上身表示认错，并表示坚决改正，才答应他们的请求。已成年的子孙在身边时，即使是闲居在家，石奋也一定要穿戴得整整齐齐，显示出严肃的样子。

石奋的仆人也非常恭敬他人，谨慎行事。有时皇帝赏赐一些食物送到他家，石奋也必定叩头跪拜之后才弯腰低头去吃，就好像在皇帝面前一样。在办理丧事时，石奋也非常悲哀伤悼。子孙后代都遵从他的教诲，也像他那样去做。石奋一家因孝顺谨慎闻名于当时的各郡县和各诸侯国，即使齐鲁二地品行端正的儒生们，也都认为自己不如他们。

建元二年（公元前141年），郎中令王臧因为推崇儒学获罪。皇太后认为，儒生言语大多文饰浮夸而不够朴实，而石奋一家不善言谈却能身体力行，就让石奋的大儿子石建做了郎中令，小儿子石庆做了内史。

石建做了郎中令后，每五天休假一天。每次回家拜见父亲时，他都是先进入侍者的小屋，私下向侍者询问父亲的情况，并拿走父亲的内衣去门外水沟亲自洗涤，再交给侍者，不敢让父亲知道，而且经常如此。

当石建要向皇帝进谏时，能避开他人时就畅所欲言，说得峻急；及至朝廷谒见时，他就装出不善言辞的样子。因此，皇帝对他也表示出尊敬和礼遇。

石奋一家迁居到陵里时，担任内史的儿子石庆酒醉归来，进入里门时没有下车，石奋听到这件事后就不肯吃饭。石庆很恐惧，就袒露着上身去请求父亲恕罪，石奋仍不允许。后来，全族的人和哥哥石建也都袒露上身请求恕罪，石奋才责备说："内史是尊贵的人，进入里门时，里中的父老都急忙回避他，内史却坐在车中依然故我，不知约束自己，本是不应该的嘛！"说完，就喝令石庆走开。从此以后，石庆和石家的弟兄们在进入里门时，都要下车快步走着回家。

武帝元朔五年（公元前124年），石奋去世，大儿子郎中令石建因悲伤思念而痛哭，以至手扶拐杖才能走路。过了一年多，石建也死了。

石奋的子孙们都孝顺石奋，然而石建最为突出，甚至超过父亲石奋。

对于石奋一家的恭谨，太史公说："孔子有句话说：'君子要说话谨慎，勤勉做事。'说的大概就是石奋吧？所以他教化虽不严肃但很有成就，虽不严厉但治理有成。这可以说是行为忠厚的君子了。"

□ 故事感悟

人活一世，必然有自己生命的闪光点。石奋虽然没有多么高深的学问，但照样能够闻名四方，受到他人的敬仰，这完全归功于他恭谨的作风。恭敬谨慎地做人做事，在保证不出错的同时，还能为自己赢得美誉，何乐而不为呢！

石姓的发展

石姓发源于卫国。周武王的少弟康叔在得到国家之后，最初将首都定在朝歌，也就是现在的河南省淇县东北，这里也成为石姓最早的活动地。石姓是卫康叔的后代，即康叔六世孙靖伯的孙子石碏。石碏本名叫公孙碏，字石，后来人们就称他为石碏。

后来，到卫文公统治时期，又迁都楚丘（今河南滑县东）。卫成公时，又迁到帝丘（今河南濮阳），已经渡过了黄河，进入今河南濮阳西南一带。可见，先秦时期石姓的活动范围在今河北南部、河南北部一带。

秦汉时期，石姓的分布进一步扩大，在今河南温县、河北邯郸、山西阳高、陕西西安、山东章丘、河北柏乡等地，都有石姓居住。这一时期，石姓中有不少人都具有非常高的政治地位，其家族也绵延数百年之久。其中，影响最大的就是西汉时被封为"万石君"的石奋家族。

石奋家族属卫国石氏一脉，《史记·万石君传》中称，石奋的父亲为赵人，说明石奋先祖最迟在战国已迁往赵国。赵亡后，石奋的父亲移居温（今河南温县西南，汉初属河内郡），人们便称这支石氏为河内温县石氏。

石庆上书让贤的奏章

庆幸得待罪丞相，罢驽无以辅治，城郭仓库空虚，民多流亡，罪当伏斧质，上不忍致法。愿归丞相侯印，乞骸骨归，避贤者路。

公孙弘节俭律己

公孙弘（公元前200—前121），字季，一字次卿。西汉淄川国（郡治在寿光南纪台乡）薛人。少时，公孙弘家贫寒，曾为富人在海边放猪维持生活。年轻时，公孙弘曾任过薛县的狱吏，因无学识，常发生过失，故犯罪免职。为此，他立志在麓台（望留镇麓台村）读书，苦读到40岁，又随老师胡母子始修《春秋公羊传》（也称《公羊春秋》，儒家经典著作之一）。建元元年（公元前140年），汉武帝即位，下诏访求为人贤良通文学之人，当时，公孙弘年已60岁，去应征，被任命为博士。公孙弘曾著有《公孙弘》10篇，《汉书艺文志》著录（已失）。

公孙弘是西汉时期齐地淄川国薛县的人。他年轻时曾做过薛县的监狱官员，后来因犯了罪而被免官。

公孙弘的家里很穷，只能靠到海边放猪赚些钱财，维持一家人的生活。直到40多岁时，他才开始学习《春秋》及各家解释《春秋》的著作。

汉武帝建元元年（公元前140年），汉武帝刚刚即位，就开始招选贤良文学之士。这时，公孙弘已经60岁了，仍以贤良的身份被征召入京，当上了博士。后来，他奉命出使匈奴，回来后向武帝报告情况，结果不合皇上的心意，皇上发怒，认为公孙弘无能。公孙弘就借自己有病为名，辞官回家了。

武帝元光五年（公元前130年），皇帝下诏书，征召文学，淄川国推荐了公孙弘。这时，公孙弘向国人推让拒绝说："我已经西去京城接受皇帝的任命，因为无能而被罢官归来，希望您改变推举的人选。"

可是，国人却坚决推举公孙弘，公孙弘便到了太常那里。太常就让应召的100多名儒士分别对策，公孙弘的对策文章按名次被排到了最后。可是，当全部对策文章被送到皇帝那里后，武帝却把公孙弘的对策文章提拔为第一。就这样，公孙弘又被召去觐见皇帝。武帝见他丰仪魄伟，就又封他为博士。

这时，汉朝开通了西南夷的道路，在那里设置郡县，巴蜀人民对此都感到十分困苦，武帝就命公孙弘前去视察。公孙弘视察归来后，向皇帝报告，极力称西南夷没有用处，皇上没有采纳他的意见。

公孙弘见闻广博，经常说人主的毛病在于心胸不宽大，人臣的毛病在于不谨慎、不节俭。后来，他每次在上朝同大家议事时，总是先陈述种种事情，然后让皇上自己去决定，不当面驳斥皇上。皇上观察他，发现公孙弘品行忠厚，善于言谈但出言谨慎，熟悉文书法令和官场事务，而且还能用儒学观点加以文饰，因此，皇上渐渐开始喜欢他。两年之内，公孙弘便官至左内史。

公孙弘向皇帝奏明事情，有时不被采纳，也不在朝廷加以辩白。他曾经和主爵尉汲黯请求皇上分别召见，汲黯先向皇上提出问题，公孙弘随后把问题阐述得清清楚楚，皇上常常很高兴，他所说的事情也都被采纳了。从此，公孙弘一天比一天受到皇帝的亲近，地位也显贵起来。

公孙弘曾与公卿们事先约定好要向皇帝谈论的问题，但到了皇上面前，他就忘了约定，而顺从皇上的意旨。于是，汲黯就在朝廷上责备公孙弘说："齐地之人多半都欺诈而无真情，他开始时同我们一起提出这个建议，现在全都违背了，不忠诚。"

皇上问公孙弘，公孙弘谢罪说："了解我的人认为我忠诚，不了解我的人认为我不忠诚。"

皇上赞同公孙弘的说法，因此，每次皇上身边的宠臣诋毁公孙弘，皇上都不理睬，而是越发信任公孙弘。

汲黯对皇上说："公孙弘处于三公的地位，俸禄很多，却盖布被，这是欺诈。"

皇上就问公孙弘，公孙弘谢罪说："有这样的事。九卿中与我要好的人没有超过汲黯的了，但他今天在朝廷上诘难我，确实说中了我的毛病。我有三公的高贵地位却盖布被，确实是巧行欺诈，妄图钓取美名。况且我听说管仲当齐国的相，有三处住宅，其奢侈可与齐王相比。齐桓公依靠管仲称霸，也是对上位的国君的越礼行为。晏婴为齐景公的相，吃饭时不吃两样以上的肉菜，他的妾不穿丝织衣服，齐国被治理得很好，这是晏婴向下面的百姓看齐。如今我当了御史大夫，却盖布被，这是从九卿以下直到小官吏没有了贵贱的差别，真像汲黯所说的那样。况且没有汲黯的忠诚，陛下怎能听到这些话呢？"

皇上认为公孙弘谦让恭谨而廉洁奉公，便越发厚待他，终于让公孙弘做了丞相，封为平津侯。

■故事感悟

作为一个看清形势的人，公孙弘深刻地懂得人臣的毛病在于不谨慎、不节俭，所以他不贸然接受推举，不贸然进言，不轻易与人辩驳于朝堂上。意识到皇上有意刁难，赶紧巧妙回避。身处高位，却能谨身节用，这样的行为作风既有利于江山百姓，又能助他登上高位，实在不能不佩服他的高明啊！

■史海撷英

公孙弘的糙米饭

公孙弘当上丞相、位高权重之后，仍然很节俭，穿麻袍，吃糙米。

有一次，一位许久不见的老友来投靠他，希望能有更好的生活，但是，公孙弘并没有搞特殊，给他的待遇仍然是穿麻袍，吃糙米。

老友对此十分不满，怨恨地说："布被糙米，我家中有，何必来投靠你！"

后来，他的老友便去告密，检举丞相内着貂裘，外套麻袍，厨烹五鼎，厅设两菜，如此为民表率。朝廷也疑心公孙弘矫伪。公孙弘叹气说："宁遭暴客抢，不愿遇老友！"

后来，皇上还是相信了公孙弘。

■文苑拾萃

《握奇经》

《握奇经》是我国古代的一部论述八阵的兵书，又名为《握机经》《幄机经》，共一卷，380余字，有多种丛书本传世。

相传，《握奇经》的经文为黄帝臣风后撰，西周初姜尚为之引申，汉武帝时丞相公孙弘作解。另附有《握奇经续图》一卷，旧题晋武帝时西平太守马隆撰《八阵总述》一卷。《唐太宗李卫公问对》中曾载有"黄帝兵法，世传握奇文"的评语。

事实上，《握奇经》成书较晚，《宋史·艺文志》始见著录。南宋朱熹认为，该书是"唐李筌为之"（《朱子语类》）；《四库全书总目提要》则认为，《握奇经》是唐代以来好事者根据唐独孤及的《八阵图记》推衍而成的。

　　该书指出："八阵，四为正，四为奇，馀奇为握奇。布阵用兵，要根据天文气候向背、山川利害和兵力多寡等情况，灵活运用。"由于该书文字简略，后人对经文解释不尽一致。

卫青的恭谨与荣耀

卫青（？—前106），字仲卿。汉族，河东平阳（今山西临汾市）人。他是西汉时期能征善战的将领，为汉朝北部疆域的开拓作出过重大贡献，也是中国历史上为人熟知的常胜将军。卫青曾率军与匈奴作战，屡立战功，但从不结党干预政事。他对士卒体恤较多，因而在军中威信很高。

卫青一生当中曾先后七次率兵出击匈奴，而且用兵敢于深入，奇正兼擅。他为将号令严明，又能与将士同甘共苦，作战也常常奋勇争先，因此，将士们都愿意为他效力。

在一次战斗获胜后，卫青面见汉武帝。汉武帝说："大将军青躬率戎士，师大捷，获匈奴王十有余人，益封青6000户。"

同时，汉武帝又封卫青之子卫伉为宜春侯，卫不疑为阴安侯，卫登为发干侯。

然而，卫青却坚决推辞，说："臣幸得待罪行闲，赖陛下神灵，军大捷，皆诸校尉力战之功也。三个儿子尚年幼，分寸未立，何敢受封！"

汉武帝笑道："青可放心，诸校尉皆有赏。"

在苏建有罪时，卫青宽仁善良，谨言慎行，同时又做到了奉法守职。

卫青曾在天子面前说："我卫青有幸以皇亲身份受到宠信，在军中任职不怕没有威严。周霸劝我建立威严，这样就大失人臣应有的本分。即使我有权斩杀将领，也不应以我地位的尊贵和所受的宠信擅自诛杀将领于境外，还是送到天子面前，让天子亲自裁夺吧！由此可以看出做人臣的不敢专权恣纵，不是也很好吗？"

于是，卫青就把苏建用囚车送回长安由武帝处理。武帝赦免了苏建的死罪，令其交纳赎金后，将其贬为平民。

正因为卫青在讨伐匈奴获胜后，受天子勋赏时，能以宽和柔顺取悦皇上，谦虚谨慎，不忘众将，敬重贤才，从不以势压人，奉法守职，因而获得了将士们的拥护，成为一代英才将领。

■故事感悟

若卫青在受勋赏时大吹大擂，把功劳都揽到自己身上，他就不可能获得众将领的拥护，也不会有显赫的功勋了。如果他一气之下杀了苏建，没有上奏皇上，那么便谈不上奉法守职、赢得军心了。但他没有这么做，而是一切从"谨"，这种谨言慎行的作风也让他名留青史。

■史海撷英

卫青收复河朔

元朔二年（公元前127年），匈奴集结大量兵力进攻汉朝的上谷、渔阳等地。汉武帝派卫青率大军进攻久为匈奴盘踞的河南地区（黄河河套地区）。这也是西汉对匈奴的第一次大规模战役。

卫青率领4万大军从云中出发，采用"迂回侧击"的战术，向西绕到匈奴军的后方，然后迅速攻占了高阙（今内蒙古杭锦后旗），切断了驻守河南地的匈奴白羊王、楼烦王同单于王庭的联系。

随后，卫青又率精骑飞兵南下，进到陇县西，形成了对白羊王、楼烦王的包围。匈奴的白羊王、楼烦王见势不妙，仓皇率兵逃走。汉军活捉敌兵数千人，夺取牲畜100多万头，完全控制了河套地区。

由于这一带水草肥美，地形险要，汉武帝便在此修筑了朔方城（今内蒙古杭锦旗西北），并设置了朔方郡、五原郡，从内地迁徙10万人到这里定居，还修复了秦时蒙恬所筑的边塞和沿河的防御工事。这样，不仅彻底解除了匈奴骑兵对长安的直接威胁，还建立起了进一步反击匈奴的前方基地。

因为此仗汉军"全甲兵而还"，卫青立了大功，故还朝后被封为长平侯，食邑3800户。

恭谨处世成大事

> 羊祜（221—278），字叔子，兖州泰山郡南城县人，西晋著名的战略家、军事家和政治家。羊祜出身于汉魏名门士族之家，从他起上溯九世，羊氏各代皆有人出仕2000石以上的官职，并且都以清廉有德著称。羊祜祖父羊续汉末曾任南阳太守，父亲羊衜为曹魏时期的上党太守，母亲蔡氏是汉代名儒、左中郎将蔡邕的女儿，姐姐为司马懿之子司马师之妻。

西晋时期的羊祜出身于官宦世家，是东汉蔡邕的外孙，晋景帝司马师的献皇后的同母弟弟。他为人谨慎谦恭，一点也没有官宦人家子弟所具有的奢侈骄横的恶习。

羊祜在年轻的时候，曾被荐举为上计吏，州官四次征辟他为从事、秀才，五府也请他做官，但他都一一谢绝了。为此，有人将他比成孔子最喜欢的学生——谦恭好学的颜回。

曹爽专权时，曾任用羊祜和王沈。王沈高兴地劝羊祜一起应命就职，羊祜却淡淡地回答说："委身侍奉别人，谈何容易！"

后来曹爽被诛，王沈因为是他的属官而被免职，这时，王沈才对羊祜说:"我应该常常记住你以前说的话。"

羊祜听了,也不夸耀自己有先见之明,而是谦虚地说:"这不是我预先能想到的。"

晋武帝司马炎称帝后,由于羊祜有辅助之功,便任命羊祜为中军将军,加官散骑常侍,封为郡公,食邑3000户。但羊祜还是坚持辞让,于是由原爵晋升为侯,其间设置郎中令,备设九官之职。他对王佑、贾充、裴秀等前朝有名望的大臣也总是十分谦让,从来都不敢属其上。

后来,由于羊祜都督荆州诸军事等功劳,加官到车骑将军,地位与三公相同,他却上表坚决推辞,说:"我入仕才十几年,就占据显要的位置,因此日夜为自己的高位战战兢兢,把荣华当作忧患。我身为外戚,事事都碰到好运,应该警戒受到过分的宠爱。但陛下屡屡降下诏书,给我太多的荣耀,使我怎么能承受?怎么能心安?现在有不少才德之士,如光禄大夫李熹高风亮节,鲁艺洁身寡欲,李胤清廉朴素,都没有获得高位;而我无能无德,地位却超过他们,这怎么能平息天下人的怨愤呢?因此乞望皇上收回成命!"

但皇帝最终没有同意羊祜的请求。

晋武帝咸宁三年,羊祜又被封为南城侯,羊祜坚辞不受。每次晋升时,羊祜都会辞让,而且态度恳切,为此也名声远播。就连朝野人士对羊祜的品德都推崇备至,以至有人认为他应高居宰相的位置。晋武帝当时正想兼并东吴,要倚仗羊祜承担平定江南的大任,所以此事也被搁置下来。

羊祜历任两朝,掌握着机要大权,但他本人对于权势从不钻营,他筹划的良计妙策和议论过的稿子过后也都要焚毁,所以世人都不知道其中的内容。羊祜推荐的人得到晋升,他也从不张扬,被推荐者也不知道自己是羊祜荐举的。

有人认为羊祜这样处世过于缜密了，羊祜却说："这是什么话啊！古人的训诫：'入朝与君王促膝谈心，出朝则佯称不知。'这我还恐怕做不到呢！不能举贤任能，有愧于知人之难啊！况且在朝廷签署任命，官员到私门拜谢，这是我所不取的。"

羊祜平时的生活也十分清廉俭朴，衣被都是用素布做的，得到的俸禄也全拿出来周济自己的族人，或者赏赐给军士，以至家无余财。

羊祜临终时留下遗言，不让家人把南城侯印放进他的棺柩。他的外甥齐王司马攸上表陈述了羊祜妻不愿按侯爵级别殓葬羊祜的想法时，晋武帝便下诏说："羊祜一向谦让谨慎，志不可夺。身虽死，谦让谨慎的美德却仍然存在，遗操更加感人。这就是古代的伯夷、叔齐之所以被称为贤人，季子之所以保全名节的原因啊！现在我允许恢复他原来的封爵，用以表彰他的高尚美德。"

羊祜是成功的，上至一国之主，下至黎民百姓，都对他表示敬佩。羊祜的参佐们也赞扬他德高而卑谦，位尊而恭谨。

■故事感悟

谦卑谨慎是一种智慧，也是为人处世的黄金法则。懂得谦卑谨慎的人，必将得到人们的尊敬，受到世人的仰慕。羊祜不管处在何种位置，都能小心行事，恭敬谦卑，也正因为如此，他才获得了千古美名。

■史海撷英

陆抗、羊祜英雄相惜

三国末年，东吴的督护陆抗与西晋的平南将军羊祜各自领重兵在荆州地区南北对峙。当时，陆抗坐镇乐乡（今湖北省荆州市西南），羊祜屯兵襄阳（今湖北省襄樊市襄阳区），两军相隔仅百余里。从军事角度上来说，这点距离可以称得上是"近在咫尺"，然而，两军的关系却不是"剑拔弩张"。相反，在大多数时间里，两军之间都是相安无事，边境上甚至呈现出一派和平友好的氛围。

陆抗和羊祜的英雄相惜，使两军的将士减少了许多无谓的死伤。而南北两位儒帅的"取信于民"，也为两国百姓减轻了不少战乱之苦。

■文苑拾萃

与诸子登岘山

（唐）孟浩然

人事有代谢，往来成古今。
江山留胜迹，我辈复登临。
水落鱼梁浅，天寒梦泽深。
羊公碑尚在，读罢泪沾襟。

唐太宗教臣慎行

　　李世民（559—649），唐朝第二位皇帝，史称唐太宗。他是陇西成纪人，祖籍赵郡隆庆，唐代著名政治家、军事家、书法家、诗人。李世民即位为帝后，积极听取群臣意见，努力学习文治天下。有个成语叫"兼听则明，偏信则暗"，就是从魏征劝谏太宗的话演变而来的。唐太宗还开创了历史上的"贞观之治"，将中国传统农业社会推向了鼎盛时期。

　　唐太宗李世民即位后，常告诫群臣，要想成就大事，除了要虚怀若谷外，还要对自己的言行举止十分谨慎。古语讲"论言如汗"，所谓的"论言"，就是指一个人所说的话；所谓"汗"，就是指说出的话绝无挽回的余地，就好像身体流出的汗一样，一旦流出来了，就不可能再回到体内。正因为如此，一个人才必须要谨言慎行。

　　有一次，在朝会之后，唐太宗与众大臣聊天。唐太宗对众臣说："有人说，当了皇帝就可以得到最崇高的地位，没有任何畏惧。事实上，我却是常常怀着畏惧之心来听取他人的批评和建议的，一向以谦虚的态度处理政事。倘若因为自己是一国之君就不肯恭谨而以自大的态度来对待臣下，那么一旦行事偏离正道时，恐怕就再没有人能够指正我的过失了。"

"当我想说一句话、做一件事的时候，总要自问有没有违反臣民的意向。为什么呢？因为天子虽然高高在上，对底下的事一目了然，而臣民们对君王的一举一动也十分注意。所以我不仅要以谦虚的态度待人，更要时时反省自己的一言一行是否顺应天意与民心。"

"古人说过，'靡不有初，鲜克有终'，有好的开始并不一定能有好的结束。但愿你们能常怀畏惧之心，畏惧上天及人民，且谦虚待人，严格地自我反省。如此一来，吾国必能长保社稷，而无倾覆之虞了。"

紧接着，太宗又说："与人交谈其实是一件十分困难的事。即使对方是一般的百姓，在与其交谈时如果稍微得罪对方，对方因而牢记在心，也会遭到报复的，更何况是万乘国君呢。所以，在和臣下交谈时，绝不容许有一点的失言。即使是轻微的滑舌，也有可能导致极重大的影响，这种影响是庶民的失言所万万及不上的，我心中一直牢记着这一点。"

见各位大臣都低头沉思，太宗继续说："昔日，隋炀帝第一次进入甘泉宫时，对宫中的庭园十分中意，但是认为有一美中不足之处，就是无法在花园里看到萤火虫。于是，隋炀帝下令捉一些萤火虫来代替灯火。负责的官吏赶紧动员数千人去捕捉萤火虫，最后捕捉了500车的萤火虫。连这样的一件小事都能演变到这种田地，又何况是天下大事，更不知道要受到多大的影响呢！所以，对于统治者来说，更不能有戏言，因为他的每一句话都会对部下产生巨大的影响，甚至会影响一件事情的结局。态度谦虚，言行谨慎，不但是身为统治者修养的重要方面，也是个人修养的一方面啊！"

大臣们听完太宗的这一席话，都纷纷点头称是。

■故事感悟

李世民在位23年，可谓是一代明君。他在位期间，唐朝经济发展，社会安定，政治清明，人民生活富裕安康，国家出现了空前的繁荣，史称"贞观之治"。皇帝懂得谨言慎行的道理，说明他的才智修为实在是高啊！

■史海撷英

唐太宗胸怀大局

唐太宗即位后，采取了四海一统的民族和外交政策，因此太宗朝的民族和外交政策也取得了辉煌的成果。四海之内只要有知道中国的，均努力内附，以唐为荣，乐不思蜀。这些人不但同唐人一样，可以自由自在地生活，还可以做官。著名的少数民族将领阿史那思摩、执思失力、契苾何力、黑齿常之，乃至后世的高仙芝、李光弼等人，都为唐朝的建设和发展作出了杰出贡献。在他们的身上，也反映出了李世民采取的民族政策的正确性。现在的唐人、唐人街等，正是那时大唐王朝繁荣富强、威甲四海、是为文礼之邦的生动写照。

朱元璋提倡节俭

朱元璋（1328—1398），明王朝的开国皇帝，原名重八，后取名兴宗，汉族，濠州（今安徽凤阳县东）钟离太平乡人。25岁时参加郭子兴领导的红巾军，反抗蒙元暴政。龙凤七年（1361年），朱元璋受封为吴国公，自称吴王。元至正二十八年（1368年），在基本击破各路农民起义军和扫平元的残余势力后，于南京称帝，国号大明，年号洪武，建立了全国统一的封建政权。朱元璋统治时期被称为"洪武之治"，死后葬于明孝陵。

朱元璋平日非常喜欢诵读唐人李山甫的《上元怀古》诗，"有暇则吟哦不绝，且大书置屏间"。

李山甫这首诗的原文如下。

南朝天子爱风流，尽守江山不到头。

总是战争收拾得，却因歌舞破除休。

尧行道德终无敌，秦把金汤可自由？

试问繁华何处有，雨苔烟草石城秋。

与一些只将诗词书画当成装饰的帝王不同，朱元璋之所以欣赏这首诗，是欣赏诗人那敏锐的历史眼光。李山甫是从建都南京的六朝兴亡史实中总结出的骄奢致败的历史教训。朱元璋也是建都南京，面对前面如烟云过眼般的几朝帝王，他不得不思考怎样才能避免重蹈六朝覆辙的问题，因此，他便将《上元怀古》诗写在屏风上，当成自己的座右铭。

当然，仅仅吟诵一首古诗并不能治理好国家，还要有具体的措施，朱元璋重点抓了两个问题。

一是"倡节俭"。他"常念昔居淮右，频年饥馑，艰于衣食，鲜能如意。今富有四海，何求不遂，何欲不得？然检制其心，唯恐骄盈不可复制"。就是说，朱元璋经常用忆苦思甜的办法，告诫自己警惕奢靡，厉行节俭。

二是"谨嗜好"。朱元璋经常告诫大臣们，"谨嗜好，不为物诱，则如明镜止水，可以鉴照万物。一为物诱，则如镜受垢，水之有滓，昏翳泊浊，岂能照物？"几百年前的一位古人能以史为镜，讲出这么深刻的道理来，真是不容易。看上去他把属于个人私事的嗜好问题上升到如此高度，似乎有点小题大做，其实不然。嗜好与物欲确实常常联系在一起，受物欲诱惑，嗜好往往发展到好坏不分，危害极大。

由于朱元璋在这两点上抓得紧，官员们"平日无优伶近亵之狎，无酣歌夜饮之娱"，社会风气俭朴，百姓负担不重，经济的恢复和发展也较快。

□ 故事感悟

身为一代帝王，特别是从社会底层登上皇位的帝王，更能体会到节俭和克制欲望的重要性。朱元璋从乞丐到帝王，这种身份的巨大转变，不能不说是一个奇迹。而他的这种谨身节用、克制欲望的行为，更为他的成功奠定了坚固的基础。

■史海撷英

朱元璋打击贪官

朱元璋出身贫寒，从小就饱受元朝贪官污吏的敲诈勒索，自己也被迫出家当了和尚。所以，在他参加起义队伍后就发誓：一旦自己当上皇帝，先杀尽天下贪官。

朱元璋登基后，果然在全国掀起了轰轰烈烈的"反贪官"运动，矛头直指中央到地方的各级贪官污吏。

第一，朱元璋对贪污60两银子以上的官员全部格杀勿论，并称：从地方县、府到中央六部和中书省，只要有贪污行为，不管涉及谁，都决不心慈手软，一查到底。

第二，朱元璋敢从自己身边的"高干"开刀。明朝初期，中书省下属吏、户、礼、兵、刑、工六部，由于大量留用元朝的旧官吏和一些造反起家的功臣，他们有恃无恐，贪赃枉法。朱元璋大胆地对这些官员进行了惩处。

第三，朱元璋发明了"剥皮实草"的残酷刑法，以此来处置贪官。把那些贪官拉到每个府、州、县都设有的"皮场庙"剥皮，然后在皮囊内填充稻草和石灰，将其放在处死贪官后任的公堂桌座旁边，以警示继任之官员不要再重蹈覆辙。

第四，朱元璋对自己培养的干部也决不姑息迁就。为培养和提拔新力量，朱元璋专门成立了培养人才的国子监，为未入仕的年轻读书人提供升迁机会。他对这些新科进士和监生厚爱有加，还经常教育他们要尽忠至公，不要为私利所动。

第五，朱元璋制定了整肃贪污的纲领——《大诰》，纲领中阐述了他对贪官的态度、办案方法和处置手段等内容。朱元璋下令在全国广泛宣传这项纲领，还叫人从中节选抄录贴在路边，让官员们读后自律，让百姓们学后来对付贪官。

□ 文苑拾萃

千家诗

（明）朱元璋

大将南征胆气豪，腰横秋水雁翎刀。
风吹鼍鼓山河动，电闪旌旗日月高。
天上麒麟原有种，穴中蝼蚁岂能逃。
太平待诏归来日，朕与先生解战袍。

蔡元培的涵养

蔡元培（1868—1940），字鹤卿，又字仲申、民友、孑民，乳名阿培，并曾化名蔡振、周子余，汉族人，浙江绍兴山阴县（今绍兴县）人，祖籍浙江诸暨，我国革命家、教育家、政治家。1917年至1927年，蔡元培任北京大学校长，一路经历风雨，他始终信守爱国和民主的政治理念，致力于废除封建主义的教育制度，奠定了我国新式教育制度的基础，为我国教育、文化、科学事业的发展作出了富有开创性的贡献。著有《蔡元培教育文选》《蔡元培教育论著选》等。

　　蔡元培先生是20世纪中国著名的作家和文化先驱者之一，曾被毛泽东同志誉为"学界泰斗，人世楷模"。他还是我国著名的教育家，提出了"学为学理，术为应用""学为基本，术为枝叶"的观点。蔡元培先生指出："教育者，养成人格之事业也。"认为育人应先自省，所以即使他学识渊博，还是不以为傲，凡事都谨言而行。

　　有一次，英国伦敦举行中国名画展，组委会派人去南京和上海监督选取博物院的名画，蔡先生与林语堂两人都参与了这件事。

博物院的名画很多，各个流派的画都尽在其中。同行的法国汉学家伯希和自认是个中国通，便在巡行观览时滔滔不绝，不能自已。为了表示自己内行，伯希和还不停地对蔡元培说："这张宋画绢色不错"，"那张徽宗鹅无疑是真品"，以及墨色、印章如何等，一路上喜形于色。

随行的林语堂注意观察了蔡元培的表情，他也不表示赞同和反对，只是客气地低声说："是的，是的。"一脸平淡冷静的样子。

后来，伯希和若有所悟，便闭口不言，面有惧色，大概是从蔡元培的表情和举止中看出了点什么，担心自己说错什么，出了丑自己还不知道呢！而此时的蔡元培先生谨默依旧，一脸的温和平静。

林语堂后来在谈到蔡元培先生时，还就伯希和一事感叹说："这就是体现中国人的涵养，反映外国人卖弄的一幅绝妙图画。"

■故事感悟

真正的智者都是言必有物，言到即止。蔡元培先生不贪于表现自己，也不去批驳他人，而是尽量谨言，不愧为"学术界的泰斗"。他为人处事的睿智和涵养，令人钦佩。

■史海撷英

蔡元培故居

蔡元培故居位于浙江省绍兴市越城区萧山街笔飞弄13号。该建筑始建于明代晚期，为蔡氏祖父以下几代人的聚居地。蔡元培在这里出生，并在这度过了自己的童年和青少年时代。

蔡元培故居占地面积共1856平方米，主体建筑坐北朝南，砖木结构，每进三或五开间，中间有天井相隔。第一进为门厅，第二进为正房，第三进为坐楼，都是在清朝中期重建的，其东次间楼上原为蔡元培的住处。

蔡元培故居是一座保存完整的绍兴传统民居，附近还建有笔架桥、题扇桥、戒珠寺、蕺山等。

■文苑拾萃

洪水与猛兽

蔡元培

2200年前，中国有个哲学家孟轲，他说国家的历史常是"一乱一治"的。他说第一次大乱是4200年前的洪水，第二次大乱是3000年前的猛兽，后来说到他那时候的大乱，是杨朱、墨翟的学说。他又把自己的距杨、墨与禹的抑洪水，周公的驱猛兽相比较。所以崇奉他的人，就说杨、墨之害，甚于洪水猛兽。后来一个学者，要是攻击别种学说，总是袭用"甚于洪水猛兽"这句话。譬如唐、宋儒家，攻击佛、老，用他；清朝程朱派，攻击陆王派，也用他；现在旧派攻击新派，也用他。

我以为用洪水来比新思潮，很有几分相像。他的来势很勇猛，把旧日的习惯冲破了，总有一部分的人感受苦痛；仿佛水源太旺，旧有的河槽，不能容受他，就泛滥岸上，把田庐都扫荡了。对付洪水，要是如鲧的用湮法，便愈湮愈决，不可收拾。所以禹改用导法，这些水归了江河，不但无害，反有灌溉之利了。对付新思潮，也要舍湮法用导法，让他自由发展，定是有利无害的。孟氏称"禹之治水，行其所无事"，这正是旧派对付新派的好方法。

至于猛兽，恰好作军阀的写照。孟氏引公明仪的话："庖有肥肉，厩有肥马，民有饥色，野有饿莩，此率兽而食人也。"

现在军阀的要人，都有几百万几千万的家产，奢侈得了不得，别种好好作工的人，穷得饿死，这不是率兽食人的样子么？现在天津、北京的军人，受了要人的指使，乱打爱国的青年，岂不明明是猛兽的派头么？

所以中国现在的状况，可算是洪水与猛兽竞争。要是有人能把猛兽驯服了，来帮同疏导洪水，那中国就立刻太平了。

任小萍谨做小事成大业

任小萍（1949—），四川人。1975年，任小萍毕业于北外英语系，被分配到外交人员服务局工作，曾在英国驻华使馆、美国驻华联络处、英国《每日电讯》报记者处担任翻译。1978年，任小萍被派往英国留学，曾在伦敦经济学院攻读国际关系，在里兹大学和伦敦大学攻读语言学硕士和博士学位。1982年回国后，任小萍在外交学院先后任讲师、副教授、教授，并担任外交学院副院长，兼任北京译协副会长，中国翻译资格考试专家委员会副主任。

任小萍是一个普通得不能再普通的女孩。1968年，任小萍成为北京外语学院的一名工农兵学员。当时她年纪最大，水平最差，第一堂课就因为回答不出问题而被罚站了一堂课。第二天，教室里挂出一条横幅："不让一个阶级兄弟掉队。"她就是这个"阶级兄弟"。但等到毕业的时候，她已成为全年级成绩最好的学生之一，并被分配到中国驻英国大使馆做接线员。

做一个小小的接线员，是很多人觉得没有出息的工作，所以许多人都是毫无动力地每天重复着拿起电话、接听信息、挂电话的动作，可是任小萍却不那么认为，她觉得这也是一件有意义的工作，因此她投入了全部的热情，努力去探索工作中的每一个细节，力求把每一项工作做到尽善尽美。事实的确是这样，她真的在这个看似简单、普通的工作中做出了成绩。

在任小萍工作期间，她把使馆所有人的名字、电话、工作范围甚至连他们家属的名字都背得滚瓜烂熟。有些电话打进来，对方要办事情不知道应该找谁，她就会向周围的同事多问问、多打听，尽量帮助对方准确地找到。就这样，她多次帮助使馆的人解决了一些紧急的问题。

慢慢地，使馆人员有事外出，不是告诉他们的翻译，而是给任小萍打电话，告诉她可能有谁会打来电话，需要转告什么事情，等等，有很多公事、私事也委托她通知。得到那么多人的信任和肯定，任小萍很快就成了使馆全面负责的"大秘书"。

有一天，大使竟也跑到电话间，笑眯眯地表扬了任小萍，结果没多久，任小萍就因为工作出色而破格被调到英国某大报记者处担任翻译了。

该报的首席记者是个名气很大的老太太，得过战地奖章，授过勋爵，本事大，脾气也大，把前任翻译给赶跑了。刚开始时，她也不要任小萍，因为看不上她的资历，后来才勉强同意一试。

一年以后，老太太经常对别人说："她翻译的比别人好上十倍。"

不久，工作出色的任小萍又被破例调到美国驻华联络处。在这里，她干得同样优秀，并获得了外交部的嘉奖。

在之后的几年里，任小萍依旧发扬着她专业而细心的精神，不忽略工作中每一个可能的细节，事必躬亲，结果职位一直上升。但不管处于什么位置，她都能在自己的岗位上做得很出色。

老子有一句话，说的是做事情不要看不上那些简单的小事情，不要忽略那些被人家认为很容易忽略的细节。一个人能够把简单的事情做到位，这就是不简单；大家都认为很容易的事情，你非常认真严谨地做好，这就是不容易。任小萍就是这样的一个人。

任小萍苦学英语

因为英语基础差，在学校期间任小萍就下定决心，一定要成为最好的学生。她知道学外语没有捷径，所以非常用功。每天晚上打着手电筒学到12点、1点，早晨5点起床，不管多冷，都对着一棵树大声地念、大声地背，把头一天学的东西翻来覆去地复习几遍，直到完全掌握，才去吃早餐。

英语的五项主要技能，听、读、说、写、译，每一项都得下功夫。比如听，每天晚上7点，学校的大喇叭会播送一个小时的英语新闻，任小萍就会裹着大衣坐在院子里听；读呢，就是每周一份的《北京周报》，20多页一句不落地从头看到尾，把所有的生词都拿本子记下来；译，就是把《人民日报》上的重要文章逐字逐句地译出来，再对照《北京周报》的英文译稿。

这样努力了几年下来，到毕业的时候，任小萍已经是全年级成绩最好的学生之一了。

第二篇

遇事谨慎　保身立命

周公诫子谦虚谨慎

　　周公（生卒年不详），姓姬名旦，亦称叔旦，周文王姬昌第四子，因封地在周（今陕西岐山北），故称周公或周公旦。西周初期杰出的政治家、军事家和思想家，被尊为儒学奠基人，是孔子一生最崇敬的古代圣人之一。武王死后，其子成王年幼，由周公摄政治国。武王死后，他又平定"三监"叛乱，大行封建，营建东都，制礼作乐，还政成王，在巩固和发展周王朝的统治上起到了关键性的作用，对中国历史的发展产生了深远的影响。周公在当时不仅是一位卓越的政治家、军事家，还是一位多才多艺的诗人、学者。

　　《韩诗外传》卷三中有这样一个故事：周成王见周公贤德，就想赐封周公，但是周公辞谢了，于是成王就把周公的儿子伯禽封到鲁国去。

　　辞行的时候，周公告诫他的儿子说："去吧！你千万不要依仗鲁国就对士人骄傲。我是文王的儿子、武王的弟弟、成王的叔父，又辅佐天子，对天下人来说，我的地位已够崇高了，可是我曾经为了接待来见我的人，洗一次头而三次握发，吃一顿饭而三次把口中的食物吐出。这样的小心紧张，还恐怕失去天下的士人。我听说，品德好而又能持守恭敬的，一定能获得荣耀；土地广大富庶，而又能持守节俭的，一定能获得安定；名位很高，而又对人持守谦卑的，将更加显贵；人口很多，兵力强大，还能持守几分警惕的，一定能打胜仗；有聪明，有才干，还处处谨守几分愚笨的，一定能获得更多的益处；多听多记，还持守几分浅薄的样子，他的知识一定更广博。以上所说的‘六守’，都是谦虚的表现。一个人身为天子，据有天下的一切，如不谦虚谨慎，他自己将比天下先灭亡，桀、纣就是例子，能不谨慎吗？所以《易经》上说：有一个大道理，从大的方面，可以守住天下，其次也可能守住国家，最小也可以守住他自己，这就是谦虚谨慎啊。天道对于太圆满的，要毁损一些；而对谦逊一点的，就给予帮助。地道对太圆满的山川形势，也要让它谦逊一些，让高的低一点，低的高一点。鬼神对太圆满的降给灾害，对谦逊的降给福祉。人类对骄傲自满的，都厌恶他；对谦虚自持的，都喜欢他。所以，衣服做成了就缺衣襟，宫殿建成了就缺方角，房屋建成了还需加上纹彩，故意表示不成，是天道要这样的啊！《易经》上说：‘能够谦虚谨慎，万事皆通，只有君子能保持长久。’《诗经》上说：‘商汤降生并不迟，由于圣明恭谨，他的美德才一天天在升起。’要以此来警戒自己，千万不要依仗鲁国向士人骄傲啊！”

儿子谨记周公的教诲，到了鲁国后，说话行事都小心谨慎，谦虚自持，所以一直安然无恙，过得怡然自得。

故事感悟

俗话说得好：“儿行千里母担忧。”父亲又何尝不是呢？周公以自己的经历及典故教育儿子，让他不管在什么时候都要小心说话，小心做事，保持谦逊谨慎的态度，以避免不必要的灾难，保全自己，一颗爱子之心呼之欲出。

周公制礼作乐

周公旦在任职期间，为进一步巩固周朝的政权，开始"制礼作乐"，制订和推行了一系列维护君臣宗法和上下等级的典章制度，主要有"畿服"制、"爵谥"制、"法"制、"嫡长子继承"制和"乐"制，等等。其中，最主要的就是嫡长子继承制和贵贱等级制。

在殷商时期，君位的继承制度多半是兄终弟及，传位方式不定。而周公旦确立的嫡长子继承制，即以血缘为纽带，规定周天子的王位应由长子继承，同时又将其他庶子分封为诸侯卿大夫。这些诸侯与天子的关系，是地方与中央、小宗与大宗的关系。

此外，周公旦还制订了一系列严格的君臣、父子、兄弟、亲疏、尊卑、贵贱的礼仪制度，以调整中央和地方、王侯与臣民的关系，加强中央政权的统治，这就是所谓的礼乐制度。孔子毕生所追求的，也就是这种有秩序的社会。

行止有度可保身

陈完（前705—？　），春秋时陈国公族，厉公之子，字敬仲（一说敬是谥号）。公元前707年，陈国发生宫廷内乱，厉公被杀，太子完被贬为大夫。

陈完是春秋时期陈国国君陈厉公的儿子。当时，统治秩序与社会伦理道德十分混乱，在争权夺利的斗争中，陈宣公的太子被杀，陈完就带着家人逃到了齐国。

齐国的国君齐桓公为"春秋五霸"之首，他很注重任用人才，曾不计前嫌，重用管仲治国。

齐桓公早就听说了陈完的才学，心中一直很想与他会面，只是苦于没有机会。这次，陈完刚好逃到了齐国，因此，陈完刚到齐国，齐桓公便迫不及待地接见了他。一席交谈后，齐桓公与陈完顿生相见恨晚的感觉，桓公立即决定让陈完做卿。卿在当时是一种很高的官职，一般是不会轻易让别国的人做的。即便是本国的人，能做到卿的位置也是许多人梦寐以求的事。

然而，当齐桓公将陈完封为卿时，陈完却恭敬地向齐桓公施了一礼，辞谢道："我在陈国被逼得无栖身之所，只好逃到贵国来寄居。如果承蒙您的恩典，让我有幸能在您宽厚的政教下生活，我就心满意足了。我本是个不明事理，没有什么才能的人，您不责怪我，我已感恩不尽，哪敢贪图富贵，巴望做卿那样的高官呢？况且，让我这样一个客居贵国的无能的人做官，一定会招致人们对您的非议，我又怎能给您添麻烦呢？这件事万万不可！"

齐桓公见陈完再三推辞，而且情意恳切，也就没有再难为他，而是让他做了"工正"，负责管理各种工匠。

陈完做了"工正"后，表现得十分出色，齐桓公对他的才能也更加赏识，经常与他一起讨论国事。君臣之间的关系也日益亲密。

有一天，陈完请齐桓公到家中喝酒，齐桓公兴冲冲地带着随从人员来到陈完家中，酒席已经在庭院中摆好了。

这天天气风和日丽，加上庭院中景色雅致，布置得体，齐桓公一见，早将那些烦人的政务抛到脑后，忍不住开怀畅饮起来。

席间，齐桓公与陈完一起评古论今，而且越说越投机。说到高兴处时，两人便情不自禁地相视哈哈大笑；谈到气愤处时，又不免摩拳擦掌、扼腕长叹一番。

齐桓公的酒量本已不小，再加上遇到陈完这样的知己，更是海量了，所以左一杯右一杯，一直喝到太阳落山。齐桓公已经有几分醉意了，但他仍觉得没有尽兴，吩咐左右："赶快点上灯火，我要与陈大夫再喝几杯。"

这时，陈完赶紧站起来，恭恭敬敬地说："不能再喝了！我只想白天请您喝酒，晚上就不敢奉陪了！"

听了陈完的话，齐桓公有些失望，脸上露出不悦的神情，说："我与你正喝到兴头上，你怎么能扫我的兴呢？"

陈完赶紧诚惶诚恐地解释道："酒宴是一种礼仪性的活动，只能适可而止，不能过度。如果您因为跟我喝酒而没把握住分寸，遭到别人的指责，我怎能逃脱罪责呢？所以，请您原谅，我实在不能执行您的命令。"

齐桓公一想，陈完说得也有道理，便不再坚持，酒席按时结束了。

故事感悟

陈完确实是个保身有道的明智君子。如果贸然接受齐桓公封赐的高官厚禄，谁又能保证齐桓公有朝一日不拿他开刀问斩呢？谨慎自保，才是正道啊！

史海撷英

田姓始祖

春秋中期，陈国发生了一起争夺君位的内乱，陈厉公被杀死，其侄陈林自立为侯。在这场内乱中，厉公的儿子陈完没能登上君王的宝座。

又过了几十年后，陈林死去，陈宣公即位。陈宣公二十一年（公元前672年），宣公杀死了太子御寇。这让陈完十分害怕，因为他平时与太子来往甚密，关系也最好。

因害怕连累自己，陈完便借故逃到东边的齐国。到了齐国后，陈完也不敢再姓陈了，而是改为田姓，陈完也变成了田完。古书《索隐》上说，因为在古时候陈、田二字声相近。就这样，陈完成了田姓的始祖。

陈完在齐国受到礼遇，做了大官，为齐国做了许多好事，深得齐国上下的好评。陈完死后，还被追封为敬仲，这就是田敬仲。

凤鸣铿锵

春秋战国时期，陈国大夫懿氏占卜把女儿嫁给陈厉公之子陈完，他的妻子占卦后说："吉，是谓'凤凰于飞，和鸣锵锵，有妫之后，将育于姜。五世其昌，并于正卿。八世之后，莫之与京'。"（见《左传·庄公二十二年》）

和鸣，也就是雄雌声音相和，响亮和谐。在这里的意思是说，夫妻必能和洽，后世强大无比。

急流勇退是明智

范蠡（公元前536—前448），字少伯，春秋末期的政治家、军事家和经济学家，楚国宛（今河南南阳）人，著有《计然篇》《陶朱公生意经》等。公元前496年前后，范蠡入越，辅佐勾践20年，终于使勾践于公元前473年灭吴。范蠡以为大名之下，难以久居，遂乘舟泛海而去。后至齐，父子戮力耕作，致产数十万。齐人闻其贤，使为相，范蠡辞去相职，定居于陶（今山东肥城陶山，或山东定陶），经商得资巨万，称"陶朱公"。范蠡既能治国用兵，又能齐家保身，是先秦时期罕见的智士，史书概括其平生"与时逐而不责于人"。

春秋末年，范蠡为了谋取功名，到越国辅佐越王勾践，被封为大夫，后来又升至上将军。

这时，越国与吴国结仇，吴王夫差便日夜操练兵马，准备攻打越国，而越王勾践想先发制人去讨伐吴国。范蠡劝阻勾践说："大王，您不能这么做，我听说兵器是不吉利的东西，战争是违背道德的，争斗是各种事情中最末等的事。违背道德，好用凶器，干末等之事，老天爷也是不赞成的，所以无故起兵是不利的。"

但是，勾践根本不听范蠡的劝告，非要出兵伐吴。于是，吴越两军交战，结果越军大败，越王勾践被吴军包围。这时，勾践才悔恨万分，便向范蠡请求救国之策。

范蠡建议勾践马上派人去给吴王送厚礼，并向吴国求和。于是，勾践就派文种去向吴王求和。

文种多次求见吴王，吴王夫差才勉强同意了勾践的请求，撤兵回国，但要求将勾践夫妇带回到吴国做臣子，并让他们伺候自己。于是，勾践就将国家大事托给大夫文种，自己带上夫人和范蠡到吴国去做人质。

到了吴国后，吴王夫差就让勾践他们住在先王坟墓旁的石头屋里，为吴王养马。吴王每次出去，也都要勾践为他拉马。

范蠡的日子就更难过了，他在人前与勾践一起伺候吴王，在人后还要伺候自己的主人勾践，还得不断地活动，观察形势。勾践有时忍受不了吴王的苛责，范蠡还要耐心安抚他，以免前功尽弃。

经过三年的痛苦生活，吴王夫差认为勾践已经完全臣服自己了，便决定把他们放回越国。

勾践回到越国后，为了不使自己忘掉亡国的耻辱，便不在卧室内铺放锦绣被褥，只铺上柴草；还在屋里挂一个苦胆，每次吃饭之前，都要尝一尝胆的苦味。

勾践觉得范蠡的才能和忠诚都可以信任，便打算把国政交给他，范蠡却说："操练兵马，行军打仗，文种不如我；治理国家，安抚百姓，我不如文种。"于是，勾践就将国家的政事都交给文种，而让范蠡负责操练兵马。

后来，范蠡在苎萝山上遇到了美女西施，便说服她为国舍身。范蠡亲自把西施送到吴国。吴王一见西施的美貌，马上就被迷住了，日夜与西施在姑苏台上作乐。西施牢记范蠡的嘱托，总是在吴王面前说越国的好话，于是吴王也放松了对勾践的警惕。

而这时，越王勾践正礼贤下士，在范蠡、文种两人的齐心辅佐下，经过十年艰苦奋斗，终于使得越国实力日益强盛起来，并做好了向吴国复仇的准备。

周敬王三十八年（公元前482年），越国出兵打败吴国，从此不再向吴国称臣进贡了。六年之后，即周敬王四十四年（公元前476年），越军攻到姑苏城下，围城三年，终于彻底打败了吴军，并逼迫吴王夫差自杀。随后，勾践率越军横行于江淮一带，成了霸主。

后来，越王勾践论功行赏，范蠡作为一个从始至终辅佐勾践完成霸业的有功之臣，官封上将军。然而，范蠡不恋虚名，不图富贵。作为大臣，他认为自己已经辅佐主公完成大业，圆满地完成了自己一生的事业。

因此，功德圆满之后，范蠡给勾践留下了一封信，信中说："当年主公受辱于会稽山，主辱臣死。现在天下已定，请主公给臣下降罪处死。"

之后，范蠡便乘船不辞而别，永远地离开了越国。在临走时，范蠡没有忘记老朋友文种，也特意给他留下一信，说明鸟尽弓藏的道理，并劝他也应远走高飞。但是，文种并没有听从范蠡的劝告，最后被勾践逼得自杀了。

范蠡泛海北上来到齐国，更名换姓为夷子皮，带领子孙们不问政事，只经营生产，没多久家产就多达千万。齐国国王听说范蠡很有才能，就请他当宰相。范蠡叹息道："居家则致千金，居官则致卿相，引布衣之极也。久受尊名，不祥。"于是，他又交还了相印，散发资财，只带着亲属和少量珠宝离开了齐都，躲到陶这个地方，从此改名为陶朱公。

范蠡在陶居住了19年，曾经"三致千金"，就是散了又挣、挣了又散三次，成为天下首富。后来，他又离开了陶地，只带着西施，浪迹太湖，过着无拘无束的生活。

□故事感悟

"狡兔死，走狗烹"，这是一个千年不变的真理。范蠡深知与君王相处之道，往往可共患难却不可共荣华，因此，他谨慎小心，果断地抛弃了功名利禄，不贪婪"走钢丝"式的高官厚禄，及时退出激流险滩，的确是明智之举。

□史海撷英

范蠡在卢邑

范蠡晚年时，将店里的生意交给长子经营，自己则带上夫人和小儿子一起游山玩景，饱览祖国的大好河山。他们顺着黄河逆流而上，一路经过汴梁、郑州、洛阳等各大城市。

一天，范蠡来到了熊耳山下的卢邑(今卢氏县)，发现这里湖水荡漾，山色葱茏，十分美丽，便决定在此长住。在看到当年大禹王在此疏通河道留下的遗迹时，他感慨万千。

在了解到当地盛产核桃、木耳、山珍、肉类皮毛、粮食药材等土特产品，但缺少食盐、葛麻布衣、日用杂品等后，范蠡决定为这里的百姓办点好事。

经过几天的考察，范蠡便在当地盖起了一座规模很大的山货行骡马店，雇用了几个生意能手，买了十几头骡子，做起了收购山货的生意。

范蠡收购的山货价格比以往都高，不满一个月，各种山货就堆满了几个大库房。他把每种货物挑拣分类后打包，然后根据掌握的销货信息，用牲口将山货驮运出山，销往全国各地。得款后，他们再到市场上购回食盐、葛麻布衣和各类日用杂货。这些物品运进山后，都按低于以往市场的价格销给了当地的百姓。

远处的商贩听说范蠡的善举后，都闻风而至，一时间范蠡开的店门口供货的、进货的络绎不绝。当地的农民见有利可图，也都纷纷前来批发食盐或日用杂品拿到乡下去卖，学着做转运生意，渐渐也都富裕起来。

一些经常为行里帮工的妇女们与范蠡的夫人熟了，都跟着她学习缝制衣服。夫人还下地教她们种桑养蚕，抽丝织布，男女老幼的衣着也有了改观。

范蠡父子在卢邑经营了几年生意后，为山区百姓找到了一条致富路。他临回陶时，又把积累的几十万家财中的绝大部分留给了乡邻和穷苦人。

后来，当地人为了纪念范蠡，就把他当年生活的卢氏县莘川村改名为"范蠡"，把村边的湖改称"范蠡湖"，并载于清朝的《卢氏县志》上。

萧何听劝谨从事

萧何（？—前193），出生于秦泗水郡丰邑县（今江苏丰县）东护城河西岸，现萧何宅遗址尚存。他平时勤奋好学，思想机敏，对历代律令颇有研究。早年萧何任秦沛县狱吏，秦末辅佐刘邦起义。攻克咸阳后，他接收了秦丞相、御史府所藏的律令、图书，掌握了全国的山川险要、郡县户口，对日后制定政策和取得楚汉战争胜利起到了重要作用。楚汉战争时，他留守关中，使关中成为汉军的稳固后方，不断地输送士卒粮饷支援作战，对刘邦战胜项羽、建立汉朝起到了重要作用。惠帝二年（公元前193年），萧何卒，谥号"文终"。

萧何在协助刘邦、吕后平息了韩信、陈豨、英布的叛乱后，除掉了刘邦的心病，让刘邦格外高兴。于是，刘邦立即派使者封萧何为相国，增加食邑5000户，还派了一个由500名卫卒、一名都尉组成的卫队，护卫相国。

萧何升官加爵后，一时间上门恭贺的人纷至沓来，相府门庭若市。然而，唯独一个叫召平的人满面愁容而来，而且出语惊人，居然说是前来吊丧的。

召平原来是秦朝的东陵侯，是个有头有脸的人物，可惜秦朝灭亡后，召平便沦为平民，在长安的城东以种瓜度日。因为他种的瓜又大又甜，美味可口，人们就依照他以前的侯封，称他为"东陵瓜"。召平也随着"东陵瓜"而出了名，他与萧何也因此成为莫逆之交。

萧何见召平这个样子，大惑不解。当宾客散去后，萧何悄声问召平道："我升为相国，群臣来拜贺，你为何不快？"

看到萧何困惑不解的样子，召平解释道："相国的祸患从此开始了！皇上统兵在外征战，含辛茹苦，风餐露宿，而你在后方留守，并没有亲冒矢石、赴汤蹈火。现在却给你增加封邑，设置卫队，这是因为国内刚刚出了淮阴侯这档事，笼络相国而已。设置卫队保护你也不是什么好事，随时可能会出麻烦。相国不如加以辞让，也不要接受封赏，并尽可能把自己家里的财产拿出来捐助军资，这样就解除了皇上的怀疑，皇上就会龙心大悦，相国就会平安无事。"萧何听后恍然大悟，连忙道谢。于是，他听从召平的劝告，依计而行，刘邦果然欢喜，不再怀疑萧何。

但是，刘邦只是对萧何这种表忠心的做法感到满意，对萧何的猜忌之心并未消除。只要一离开京城，刘邦就会觉得萧何随时随地都可能成为一个引爆的炸药包。

高祖十二年（公元前195年）秋，英布造反，刘邦领兵讨伐期间，多次派使者回到长安，查问萧何在关内都做了些什么事。萧何见刘邦仍把自己当作假想敌，心中十分惶恐，便按照召平说的老办法，又拿出家中所有的钱财资助前方作战部队，并认真做好安抚百姓的工作，以确保京城安宁、后方稳定，好让刘邦放心。

萧何这么做自以为得计，但召平和一些门客提醒萧何说："你遭受灭族之灾的日子不远了。你身为相国，居百官之上，功劳又名列第一，难道功名还能复加吗？你入关中已十余年了，军民都归顺于你，你的力量足以颠覆关中，所以皇上才对你放心不下呀！"

"那么，我应该怎么办才好呢？"萧何更加忐忑不安。

"你多买田地，广置房舍，故意败坏自己的名声，羞辱自己，这样圣上就会安心了。"

萧何觉得有道理，又按照召平所说，认真地为自己预留退路。

刘邦得知萧何的这种行为后，表面上非常气愤，说要拿萧何是问，安抚民众，内心却感到窃喜，认为萧何胸无大志，根本不足为虑，从此便放松了对萧何的戒备，萧何也得以从容地全身而终。

■故事感悟

处高位握大权而兼享盛名，自古没有几个人能善始善终。他们总需持盈保泰，小心谨慎，方能保持晚节，泽被后世。萧何的聪明就在于结交到了好友，并能听取忠言劝诫，小心行事，最终得以保全自己。

■史海撷英

萧何月下追韩信

秦末农民战争爆发后，韩信投奔到项梁的军队中。项梁兵败以后，韩信又归附项羽。

韩信曾多次向项羽献谋献策，可始终不被采纳，于是他便离开项羽，前去投奔刘邦。

有一天，韩信违反了军纪，按规定应当斩首。临刑时，韩信看到汉将夏侯婴，就问："难道汉王不想得到天下吗？为什么要斩杀壮士？"

夏侯婴以韩信所说不凡、相貌威武而下令释放了他，并将韩信推荐给刘邦，但仍未被重用。

后来，韩信多次与萧何谈论天下大事，其才华被萧何所赏识。刘邦至南郑途中，韩信思量自己难以受到刘邦的重用，便中途离去，被萧何发现后追回。此时，刘邦正准备收复关中，萧何就向刘邦力荐韩信，称他是汉王争夺天下不能缺少的大将之才，应得到重用。刘邦终于采纳了萧何的建议，七月，择选吉日，斋戒，设坛场，拜韩信为大将。

从此，刘邦文依萧何，武靠韩信，举兵东向，夺取了天下。

□文苑拾萃

成也萧何，败也萧何

"成也萧何，败也萧何"这则成语是比喻事情的成败都因为同一个人，见于宋朝洪迈的《容斋续笔·萧何绐韩信》："韩信为人告反，吕后欲召，恐其不就，乃与萧相国谋，诈令人称陈豨已破，绐信曰：'虽病强入贺。'信入，即被诛。信之为大将军，实萧何所荐，今其死也，又出其谋，故俚语有'成也萧何，败也萧何'之语。"

机氾待人行事恭谨

鲁国有一位恭谨的士人，名叫机氾，年纪已70岁，但行事说话依然恭谨小心。

冬天时，机氾会选择走在没有阳光照射的地方；而到了夏天，他却愿意走在有阳光的地方。每当他经过集市时，丝毫不敢作过多的停留；众人行动时，他不会根据自己的需要作选择，而是一定会跟随。他坐着的时候，不会随心所欲，而是一定会正襟危坐。吃一餐饭的时间，站起来三次。即使是看见穿着粗陋衣服的人，他也一定会躬身向其行礼。

鲁君对机氾的这种行为十分不解，认为他完全没有必要这么做。于是有一天，他就问机氾说："机子，你的年纪已经很大了，为什么还是那么遵守礼节，那么恭敬，难道就不可以减免一些礼节吗？"

机氾听了，躬身一拜，平静地答道："君子注重恭敬才能成就声名；小人注重恭敬，就可以免除刑罚。坐着舒适，却还要防备跌倒；吃着美味，但也要小心噎到。现在像我这样所谓幸运的人，却不一定就是幸运。鸿鹄一飞冲天，岂不是飞得很高吗？但用短箭还可以把它射下来；虎豹够凶猛了，但人还可以吃它的肉、睡它的皮。称赞别人的人少，诋毁别人的人多。我年纪七十了，常常害怕灾祸降临到自己身上，我又怎能不恭谨小心呢？"

□故事感悟

机汜恭敬谨慎到这个地步，在我们现代人看来，实在是有点迂腐了。但仔细一想，又是可以理解的。试想，在他所处的那个年代，稍微不小心，就有可能因说错话做错事而惹来杀身之祸。只有小心行事，方能在乱世中保全自己。

□文苑拾萃

《龙文鞭影》二集（上卷）

清：李晖吉　徐兰畦（徐赞）

一　东

篇承古度，集续汉冲；搜罗子史，诱掖儿童；

明锐韩愈，完粹李侗；清呼一叶，德颂二冯；

谅辅祷雨，陈茂诃风；四如给事，三旨相公；

怀橘陆绩，辨李王戎；盗琶黑黑，记曲红红；

管略画地，殷浩书空；欧公白耳，窦子赤瞳；

裂服张咏，挂帻易雄；良将五鹖，廉宦一骢；

浚沮武穆，敞短文忠；汉王颁露，魏帝逼虹；

啖饼刘晏，抵肉李充；饬儿还棋，促侄贩葱；

睪通异弩，混填神弓；张湛诈善，机汜学恭；

狎客江总，弄臣邓通；秀才胆大，府尹声雄；

女遗螺壳，生寄鹅笼；从难王达，捽恶杨忠；
不疑盗嫂，伯鱼挝翁；丕曜佯哑，杜微诈聋；
杨嘲四畏，刘慨三同；覆镜郭璞，咒杯柳融；
赌姬严续，斩妓石崇；试子夷简，弹婿敏中；
传诗辕固，通易吕蒙；黎邱奇鬼，枣阳怪童；
王烹云母，柳逢雨工。

阮籍谨言慎行

阮籍（210—263），字嗣宗，陈留尉氏（今属河南开封）人。阮籍是建安七子之一阮瑀的儿子，曾任步兵校尉，世称阮步兵。他崇奉老庄之学，政治上则采取谨慎避祸的态度。与嵇康、刘伶等七人为友，常集于竹林之下肆意酣畅，世称竹林七贤。阮籍是正始之音的代表，其中以《咏怀》82首最为著名。阮籍透过不同的写作技巧如比兴、象征、寄托等，借古讽今，寄寓情怀，形成了一种"悲愤哀怨，隐晦曲折"的诗风。除诗歌之外，阮籍还见长于散文和辞赋。

阮籍生活在魏晋之际，当时天下不安定，政治黑暗，统治者镇压异己，手段残酷，稍有闪失就会惹祸上身。阮籍为了避祸，为人十分小心谨慎，从来不多说话，做到了"喜怒不形于色"，"口不论人过"，"未尝臧否人物"。《晋书·阮籍传》说他："不与世事，遂酣饮为常"，把醉酒当作自己"不与世事"的挡箭牌。

有一次，司马昭的儿子司马炎看上了阮籍家的女儿，于是司马昭便亲自出马，到阮籍家谈这门亲事。在阮籍的家中，司马昭说明了来意，并说了众多两家结亲的好处，还时不时地把自家的身份地位显露出来。阮籍表面上笑脸相迎，心里却一万个不同意，可嘴上又不敢拒绝，只说要先问问女儿的意见。把事情拖下来之后，阮籍左右为难，于是他就想出了一个折中的办法，连续醉酒，一直醉了60天，天天醉得像烂泥一样，不省人事，终于使司马昭没有机会再提此事而作罢。

钟会和阮籍一向不和，钟会一直想陷害他，多次想让他评论时事，好借机会找茬儿给他安个罪名，把他除掉。但每次阮籍都是喝得大醉，不能交谈，因此得以保全性命。

但是，千万不要以为阮籍以能够保全自身而得意，阮籍烂醉的身体里头偏偏又包裹着正直的骨头，流淌着正直的血液，他也为不能痛痛快快地说话而痛苦。于是，他发明了以黑眼珠看正义之士、以白眼珠看礼俗之人的这种以眼色代替语言的表达方式，即我们所说的阮籍善为"青白眼"，"口不论人过"，只以白眼而视。

■故事感悟

阮籍身为一代文人大家，为求自保，如此谨言谨行，确实让人心酸。他的诗文虽然慷慨激昂，但许多意思都是隐而不显的，正如他的为人。他为官清廉公正的做法，以及"终身履薄冰，谁知我心艰"的诗句说明，酗酒也不过是他在黑暗统治下保全性命的谨慎之举。

■史海撷英

阮籍啸台

阮籍啸台也被称为阮籍台，是晋代阮籍舒啸处。现在的阮籍啸台遗址位于河南省开封市尉氏县城小东门南城墙上，东临城壕，西濒东湖，南北皆为干部家属院住宅。

据记载，阮籍啸台原"高十五丈，阔二丈，有层三楹"，在明嘉靖十四年（1535年）、清乾隆十四年（1749年）和民国四年（1915年）曾多次重修，可惜在日寇进犯尉氏县时被破坏。如今的阮籍啸台更像一座土堆，或是在闹市中的一个土岗，其上杂树丛生，有游人经常攀登的小径。登上阮籍啸台，放目远眺，阳光灿烂，东湖之上波光粼粼，令人不禁浮想联翩。

□ 文苑拾萃

咏怀诗（其二）

（三国）阮 籍

月明星稀，天高气寒。
桂旗翠旌，佩玉鸣鸾。
濯缨醴泉，被服蕙兰。
思从二女，适彼湘沅。
灵幽听微，谁观玉颜？
灼灼春华，绿叶含丹。
日月逝矣，惜尔华繁！

"谨默"为保身法器

> 刘秀(公元前5—57),东汉王朝的开国皇帝,字文叔,南阳蔡阳(今湖北枣阳西南)人。刘秀是汉高祖刘邦九世孙,长沙王刘发的直系后代,父亲曾任南顿令。刘秀于公元25至57年在位。赤眉、绿林起义爆发后,地皇三年(22年),刘秀与其兄刘縯为恢复刘姓统治,起事于舂陵(今湖北枣阳南),组成舂陵军。地皇四年,刘秀在昆阳之战中建立大功。

西汉末年,王莽篡位。他残暴无度,使统治秩序日益混乱,人民苦不堪言。这时,绿林、赤眉两军适时打起反王旗帜,共图大业。然而,起义军内部不团结,经常为了权势而争斗不已。

公元23年,绿林军内部为了争权夺势,设计刺杀了刘秀的哥哥刘縯。刘秀知道后,万分悲痛,食不下咽。在此后的一段日子里,刘秀表面上看起来波澜不惊,内心中却埋藏着深深的苦痛。在洛阳时,他独自住在一间房子里,不让外人进去。他的好友冯异曾进过这个房间一次,发现刘秀的枕巾被泪水打湿了一大片。冯异劝慰刘秀,但刘秀矢口否认说:"我没有伤心,你不要乱说。"刘秀在心中早就立志,一定要为哥哥报仇雪恨。

但是，刘秀没有莽撞行事，而是赶紧从外地奔回"请罪"，缄口不提兄弟两人的功绩，不仅不为哥哥服丧，也不与哥哥的旧将交谈，在绿林众将面前言谈举止和原来一样，丝毫看不出悲伤的样子。

刘秀的表现骗过了当时已被拥立为帝的刘玄和诸多参与谋杀刘秀哥哥的将领们的眼睛，从而保住了性命，并渐渐获得了这些人的信任，以至后来刘玄还糊里糊涂地派刘秀去河北进行扩张势力的重要工作。

刘秀趁此良机，在河北境内积极发展自己的势力，待羽翼丰满之后，便拥兵自立，一举打败了绿林军，杀死刘玄，自己当上了东汉的开国皇帝，这才有了历史上的"光武中兴"。

■故事感悟

面对小人的险恶阴谋，刘秀处于危险的境遇中，最有效的自保方法就是一个"静"字，也就是"谨默"，言语行动万分小心，不讲过多的话语。只有静下来，先求保身，才能有机会战胜敌人。

■史海撷英

安知非仆

在光武帝刘秀还是个普通百姓时，有一次，他与姐夫邓晨到别人家去做客。

当时，大家看到谶书中说："刘秀当为天子。"旁边就有人说："谶书所说的刘秀肯定是国师公刘秀（当时新朝的国师公刘歆恰巧刚刚改名为刘秀）。"可当时在场的刘秀（即后来的光武帝）却说："怎么就知道这谶书中所说的要当天子的刘秀不是指的我呢？"结果引起了众人的哄笑。

刘秀登基后的第三年，便与邓晨再次谈及往事，邓晨从容地对光武帝说:"仆竟然做到了。"光武帝听后大笑。

■文苑拾萃

光武台

（元）元好问

东南地上游，荆楚兵四冲。

游子十月来，登高送长鸿。

当年赤帝孙，提剑起蒿蓬。

一顾滍水断，再顾新都空。

雷霆万万古，青天看飞龙。

巍然此遗台，落日荒烟重。

谁见经纶初，指挥走群雄。

白水日夜东，石麟几秋风。

空余广武叹，无复云台功。

贺若弼改言为自保

贺若弼（544—607），字辅伯，河南洛阳（今河南洛阳）人，隋朝著名将领。贺若弼出生在将门之家，其父贺若敦为北周将领，以武猛而闻名，任金州（今陕西省安康）刺史。北周保定五年（565年）十月，贺若敦因口出怨言，为北周晋王宇文护所不容，逼令自杀。临死前，曾嘱咐贺若弼说："吾必欲平江南，然此心不果，汝当成吾志。且吾以舌死，汝不可不思。"（《隋书·贺若弼列传》）并用锥子把贺若弼的舌头刺出血，告诫他慎言。

武成二年（560年），权臣宇文护毒死了周明帝宇文毓，护立当时身为大司空、鲁国公的宇文邕为帝，史称周武帝。然而，宇文护自己仍然执掌朝政。天和七年（572年），宇文邕诛杀宇文护，开始亲自处理国务。

周武帝执政期间，生活俭朴，各种事务都希望能够超越古人，对宇文护及北齐所修的过于华丽的宫殿一律焚毁，对下则严酷少恩，但果断明决，耐劳苦。在征伐时，往往要躬亲行阵，士卒们都愿意效死力。他对太子的要求也十分严格，太子德行不端，害怕父皇知情，于是矫情掩饰，欺上瞒下，所以，周武帝一点儿也不知道太子的过失。

见到这种情况，上柱国乌丸轨曾对贺若弼说："太子必不克负荷。"

贺若弼深以为然，便劝乌丸轨告之武帝。乌丸轨便借机对武帝说："太子非帝王器，臣亦尝与贺若弼论之。"

武帝忙召问贺若弼，贺若弼知道太子的地位已经不可动摇，而且牢牢记住父亲临终前的遗言，唯恐祸及自身，于是回答说："皇太子德业日新，未睹其阙。"

武帝听后，默然不语。事后，乌丸轨指责贺若弼出卖了自己，贺若弼却说："君不密则失臣，臣不密则失身，所以不敢轻议也。"

果然，后来太子继位，乌丸轨被诛杀，贺若弼却免受其祸。

■故事感悟

贺若弼的行为在今天看来似乎有些不光彩，但任何事情都是在一定的历史条件下进行的，有时为了保身，成就更伟大的事业，不得不说一些违心的话，做一些违心的事。贺若弼谨记父亲遗言，小心说话，不能不说他有自保免灾的能力。

■史海撷英

贺若弼受拜吴州总管

隋开皇元年（581年），杨坚登基，改国号为隋，是为隋文帝。

杨坚称帝后，便有吞并江南、统一中国的志向，为此，杨坚查访可以胜任的人戍镇江淮。尚书左仆射高颎推荐说："朝臣之内，文武才干，无若贺若弼者。"

杨坚说："公得之矣。"

于是，杨坚就拜贺若弼为吴州（今扬州一带）总管，镇江北要地广陵（今江苏扬州西北），委以平陈之事，经略一方，作灭陈的准备。

贺若弼欣然从命，并给寿州总管源雄赋诗一首，说："交河骠骑幕，合浦伏波营，勿使麒麟上，无我二人名。"然后赴广陵（今江苏省扬州）任所，整军经武。

■ 文苑拾萃

瞒天过海

"瞒天过海"指的是用欺骗的手段将自己的真实意图和目的隐藏起来，迷惑对方，最终来实现自己的目的。这里还有一个典故。

583年，陈叔宝当上了陈朝的皇帝。可是，他整日只知道吃喝玩乐，根本不理朝政，令奸臣乱党乘机为非作歹，欺压百姓，闹得民不聊生，陈朝危在旦夕。

当时，隋文帝杨坚已经统一了北方，国力日渐强盛，故而斗志正旺。他分析局势后，深知陈朝国力空虚，已不堪一击，便派兵南下，想一举攻灭陈朝。可是，隔着滔滔的长江，怎样进攻才能做到万无一失呢？

这时，老臣高颎向隋文帝献上了一条妙计。隋文帝便依照高颎的计策，一声令下，几路大军浩浩荡荡一齐进攻，首先切断了长江上游与中下游军队的联络，使他们不能相互照应。与此同时，隋朝大将贺若弼又率大队人马向陈朝的国都建康进军。兵马来到长江北岸驻扎下来，只见帐篷林立，军旗飘扬，人喊马嘶，一派战前景象。江南陈朝将领见到这一阵势，以为隋军即将渡江攻城，顿时都紧张起来，忙召集全部人马，抖擞精神，准备要与隋军决一死战。

然而，陈朝军队等了好几天，隋军不但没有渡江攻城，反而撤了回去，渡口只留了一些破旧的小船。陈朝将士以为隋军水上力量不足，不敢轻易进攻，上上下下都松了口气。

可是不久后，隋军又集结江北，安营扎寨，陈军慌忙再度备战。这样反复折腾了几次后，弄得陈军人困马乏，加上粮食又被隋军间谍烧毁，陈军更是人心惶惶，进退两难。

就在这时，隋军突然发起总攻。在浩浩的长江之上，隋军万船齐发，杀得陈军根本没有还击之力，就连陈后主也乖乖地当了俘虏。

隋文帝笑逐颜开，重重赏赐了有功将士。他夸赞高颎道："好一个瞒天过海之计！若不是如此麻痹故军，我们怎会不费吹灰之力轻易取胜？姜，到底还是老的辣！"

郭子仪开府门之举

郭子仪（697—781），中唐名将，汉族，华州郑县（今陕西渭南华州区）人，祖籍山西汾阳。郭子仪以武举高第入仕从军，累迁至九原太守、朔方节度右兵马使。天宝十四年（755年），安史之乱爆发后，郭子仪任朔方节度使，率军收复洛阳、长安两京，功居平乱之首，晋为中书令，封汾阳郡王。代宗时，郭子仪又平定仆固怀恩叛乱，并说服回纥酋长，共破吐蕃，朝廷赖以为安。郭子仪戎马一生，屡建奇功，大唐因有他而获得安宁达20多年，史称"权倾天下而朝不忌，功盖一代而主不疑"，举国上下，享有崇高的威望和声誉。郭子仪84岁寿终，赐谥忠武，配飨代宗庙廷。

郭子仪爵封为汾阳王后，王府就建在首都长安的亲仁里。汾阳王府自从落成以后，每天都是府门大开，任凭人们自由地来回进出，郭子仪不允许府中的任何人对此加以干涉。

有一天，郭子仪帐下的一名将官要调到外地任职，来王府辞行。他知道郭子仪府中百无禁忌，就一直走进了内宅。恰巧这时，他看到郭子仪的夫人和他的爱女正在梳妆打扮，而王爷好像奴仆一样，在伺候夫人。

这位将官当时不敢讥笑郭子仪，回家后，他忍不住讲给家人听。于是，一传十，十传百，没几天，整个京城的人都将这件事当成笑话来谈论。郭子仪听了倒没觉得什么，可他的几个儿子听后，觉得太丢父亲的面子，决定向父亲提提意见。

他们相约一齐来找父亲，要郭子仪下令，像别的王府一样，关起大门，不让闲杂人等出入。郭子仪听了后，哈哈一笑。几个儿子忙跪地求他，一个儿子说："父王您功业显赫，普天下的人都尊敬您，您自己却不尊重自己，不管什么人，您都让他们随意进入内宅。孩儿们认为，即使商朝的贤相伊尹、汉朝的大将霍光也无法做到您这样。"

郭子仪听了这些话，收敛了笑容，对儿子们语重心长地说："我敞开府门，任人进出，不是为了追求浮名虚誉，而是为了自保，为了保全我们全家人的性命。"儿子们感到十分不解，忙问其中的道理。

郭子仪叹了一口气，说道："你们光看到郭家显赫的声势，而没有看到这声势背后的危险。我爵封汾阳王，往前走，再没有更大的富贵可求了。月盈而蚀，盛极而衰，这是必然的道理，所以，人们常说要急流勇退。可是眼下朝廷尚要用我，怎肯让我归隐？再说，即使归隐，也找不到一块能够容纳我郭府1000余口人的隐居地呀。可以说，我现在是进不得也退不得。在这种情况下，如果我们紧闭大门，不与外面来往，只要有一个人与我郭家结下仇怨，诬陷我们对朝廷怀有二心，就会有专门落井下石、陷害贤能的小人从中添油加醋、制造冤案。那时，我们郭家的九族老小都要死无葬身之地了。"

□**故事感悟**

正因为郭子仪具有高度的政治眼光和德行修养，才能适应各种复杂的政治环境，必要时甚至懂得牺牲掉局部利益，用谨言谨行的作风确保全家安宁。人们若能像郭子仪那样，时刻保持谦卑谨慎的状态，祸患自然不会发生。所以，未雨绸缪，防患于未然是很有必要的。

□**史海撷英**

郭子仪智退戎兵

广德二年（764年）十月，仆固怀恩引吐蕃、回纥、党项数十万部众南下，导致京师惶恐。

唐代宗忙召见郭子仪，向郭子仪寻求抵御戎兵之计。郭子仪说："据臣所见，仆固怀恩不能有所作为。"

代宗问其原因，郭子仪回答说："仆固怀恩虽然号称骁勇，但他平素不得士心。仆固怀恩本是臣的偏将，其下边的人也都是臣的部曲，臣的恩信曾施及他们。今天臣为大将，他们必然不忍心以锋刃相向，因此知道他不能有所作为。"

戎虏侵寇分州，郭子仪让他的长子朔方、兵马使郭曜率军援救邻宁，与分宁节度使白孝德闭城拒守。仆固怀恩的前锋来到奉天，在城外挑战，诸将请用兵击之，郭子仪制止他们说："客兵深入，其利在于速战，不可与他们争锋。他们都是我的部下，缓之必然会叛离；如果逼迫他们，是加速他们战斗，开战则胜负不可言。敢言战者斩！"于是他命令士兵加固城墙以待之，战军果然不战而退。

沁园春

（南宋）陈人杰

诗不穷人，人道得诗，胜如得官。
有山川草木，纵横纸上；虫鱼鸟兽，飞动毫端。
水到渠成，风来帆速，廿四中书考不难。
惟诗也，是乾坤清气，造物须悭。
金张许史浑闲。未必有功名久后看。
算南朝将相，到今几姓；西湖名胜，只说孤山。
象笏堆床，蝉冠满座，无此新诗传世间。
杜陵老，向年时也自，井冻衣寒。

唐顺宗明哲保身

唐顺宗（761—806），名李诵，汉族，唐德宗的长子。顺宗是以长子的身份被立为皇太子，由于父亲德宗在位时间长，他做太子的时间长达26年。顺宗在位期间，没有以皇帝的身份过过一个新年。即位当年的新年，他就已经是太上皇了。其在位时间不足200天，在整个唐朝皇统体系中，他是在位时间最短的一位皇帝。

唐顺宗李诵在父亲德宗即位的当年，即大历十四年（779年）十二月，被诏立为皇太子，第二年即建中元年（780年）正月备礼册立。到贞元二十一年（805年）正月二十三日，德宗遗诏传位，二十四日宣遗诏，李诵于正月二十六日正式即位。这样算来，顺宗做皇太子整整25年，按照当时习惯，应为26年。

顺宗一生都很注意约束自己的言行，小心谨慎。在做太子的26年中，他亲身经历了藩镇叛乱的混乱和烽火，也耳闻目睹了朝廷大臣的倾轧与攻讦，在政治上日益走上成熟。史书中对他的评价是："慈孝宽大，仁而善断。"

也正是因为顺宗的小心谨慎，才让他在尔虞我诈的皇宫中得以生存，虽然即位后没有什么大的建树，但这也不失为一种生存方式。

顺宗的小心翼翼表现在很多方面。

有一次，不是皇太子的顺宗曾侍宴鱼藻宫。宴会当中，张水为嬉，彩船装饰一新，宫人引舟为棹歌，丝竹间发，德宗欢喜异常。顺宗在父皇询问他的感受时，他就只是引用了诗中"好乐无荒"一句作答，而没有直言以对，更没有正面回答。他深知伴君如伴虎的道理，言多必失，因此小心为妙。

从顺宗位居储君26年间的所作所为来看，他的政治态度是谨慎的。在父皇面前，他只在一件事上发表过意见，那就是在贞元末年阻止德宗任用裴延龄、韦渠牟等为宰相的事。

德宗晚年，由于在位时间过长，对大臣的猜忌和防范心理日益加重，不再假权宰相，结果使身边的奸佞小人获得信任和重用，如裴延龄、李齐运、韦渠牟等人。这些人依靠德宗的宠幸，因间用事，刻下取功，排挤诬陷陆贽等人。普天之下，对裴延龄等人盘剥黎民、聚敛财富的行为，大家都是敢怒不敢言。而身为太子的顺宗，总是找机会在父皇心情好的时候从容争论，指出这些人不能重用，所以，德宗最终没有任用裴延龄、韦渠牟入相。

但是，顺宗对其他的事情总是三缄其口，更不敢轻举妄动。每逢在父皇跟前谈事论奏，他总是严肃有余，即使对皇帝身边亲信的宦官，也不曾假以颜色，把个人的喜怒哀乐都深藏心底。对朝廷上下的人物，他基本上也是若即若离的。然而，这些其实都是表面现象。顺宗位居储君期间，也并非对天下大事和朝廷政治漠不关心，他身边的王伾和王叔文等人，就经常和他一起谈论天下大事和民间疾苦。

有一次，王伾、王叔文和其他一些侍读畅谈天下政事时，涉及当时一些比较敏感的弊政，顺宗就对他身边的人说："我准备把这些弊政向父皇直言，以便能够改正。"

刘禹锡等众人都对此举表示称赞，只有王叔文一言不发。

等众人都退下后，顺宗单独留下王叔文，问他："刚刚你为何不说话？是不是有什么深意？"

王叔文回答说："我得到太子殿下的信任，有一些意见和见解，哪能不向殿下奉闻呢！我以为，太子的职责在于侍膳问安，向皇上尽忠尽孝，不适宜对其他的事品头论足。皇上在位时间长了，如果怀疑太子是在收买人心，那殿下将如何为自己辩解？"

顺宗听完后，恍然大悟，既紧张又感激地对王叔文说："如果没有先生的这番点拨，我怎么能够明白这其中的奥妙啊！"

从此，顺宗遇事行事更加谨慎，绝不多言多语，遇到实在要作决定的事情，都先找王叔文和王伾等人商量一下。也正因为如此，顺宗的一生才过得比较平安。

□故事感悟

作为历史上做储君时间最长的皇帝，唐顺宗自有一套保身之道。他谨言谨行，无论什么时候都小心翼翼，不轻举妄动。也许有人会说，做这样的储君真有点窝囊，但是，每个人有每个人的活法，而且顺宗在这期间也是有自己的一些建树的。

□史海撷英

唐顺宗的政治小集团

唐顺宗在做太子期间，不仅暗中十分关注朝政，身边还形成了一股政治势力，组成了一个以"二王"为中心的东宫政治小集团。

在这个小集团中，以王伾和王叔文为集团的核心。在他们周围，还有一批年富力强的拥有共同政治理想和政治目标的成员。这些成员当时都是一些知名人士，其中最著名的就是刘禹锡和柳宗元。

另外，集团中还有王叔文的旧交凌准、善于筹划的韩泰、英俊多才的韩晔（宰相韩滉同族子弟）、精于吏治的程异以及陈谏、陆质、吕温、李景俭、房启等人。他们基本上都属于朝廷御史台和六部衙门的中下层官员，经常在一起谈论国事，逐渐也都成为这一集团的重要人物。

对于这些人员，历史上习惯以所谓的"二王刘柳"相称，也就是把王伾、王叔文以及刘禹锡、柳宗元作为东宫集团的代表人物。

■文苑拾萃

《顺宗实录》

《顺宗实录》作于元和十年（815年），共五卷，唐代韩愈主撰，沈传师、宇文籍参撰，李吉甫监修。《顺宗实录》按时序记述了唐顺宗李诵在位8个月间的事迹，并上溯李诵在藩邸的情况，下延死后葬于丰陵。共计1.2万余字。

有后人认为，作者韩愈和宦官俱文珍等人关系密切，因此这一实录中涉及宦官的文字语多回护，但毕竟是留下了有关唐顺宗及其有关时期情况的第一手记录，因而也显得弥足珍贵。

范文程刚柔并举

> 范文程（1597—1666），汉族人，字宪斗，号辉岳，宋朝大学士范仲淹的第十七世孙。范文程祖籍江西，出生于辽东沈阳卫（今沈阳市），是清朝声名卓著的开国宰辅、文臣领袖。天命三年（1618年），努尔哈赤攻陷抚顺，范文程"仗剑谒军门"，参加后金政权。清太宗时，范文程为主要谋士之一，深受皇帝倚赖，凡策反汉族官员、进攻朝鲜、抚定蒙古、国家制度的建设等，他都参与决策，对清朝的建立与巩固起到了重要作用。

　　范文程21岁时投奔到努尔哈赤麾下。尽管努尔哈赤"轻贱汉人，抚养满州"，但凭着一颗忠心，范文程还是很快获得了努尔哈赤的信任。

　　到皇太极继承汗位时，范文程更是协助皇太极安邦定国，运筹帷幄，因而深得皇太极的信赖和恩宠。皇太极死后，爆发了满州贵族内部争夺帝位的斗争，不少人被黜被杀，但范文程仍然保持着谋臣的公允地位，超然于斗争旋涡之外，没有陷进去。

　　顺治帝即位时，摄政王多尔衮独揽大权。在明朝灭亡之初，范文程曾建议多尔衮率军入关，夺取中原，配合得十分默契。之所以如此，主要是他有自知之明，依靠自己的智慧，应付自如，终于功成名就。

但进入北京以后，随着范文程声望的提高，自然会与大权独揽的摄政王多尔衮发生矛盾。多尔衮为了扩大自己的影响，便摒弃了范文程所提倡的争取民心的宽厚政策，而范文程对多尔衮的做法也并未随声附和。

顺治三年（1646年），多尔衮对范文程发出警告："现在国家各项事务各有专属。"用以限制范文程的权力。

之后，多尔衮又对范文程说："你们这些内官对于国家事务应及时报告。"

范文程却回答说："文程等朝夕在王左右，凡有闻见，无不面启，候取进止，毋庸具体敷陈。"范文程依然故我，终于在顺治三年与多尔衮的矛盾激化。

这年八月，甘肃巡抚黄图安呈请终养，多尔衮便以范文程擅自关压辅政王济尔哈朗为借口，将范文程"下法司勘问"。虽然未被罢官，但范文程的权力被限制和削弱了。范文程只好处处小心，谨言慎行。

顺治五年，满洲贵族权力斗争激化，多尔衮革去了济尔哈朗亲王的爵位，幽毙了肃亲王豪格。不久，多尔衮便命亲信大学士刚林、祁充格同范文程一起删改太祖实录。

这是一件关系重大的事情，一旦政局变化，就将招来杀身之祸。但如果违命不从，也将会获罪。范文程为了保全自己，凭借自己的机智和谨慎，终于化险为夷。他以养病为由，闭门不出，使自己不致更深地陷入到删改太祖实录的活动当中。

后来，果然不出范文程所料，多尔衮死后仅仅两个月，便被控犯有"谋逆"罪，顺治帝下诏"削爵撤庙享"。追论其罪，自然牵连出删改太祖实录的罪行，结果刚林和祁充格等人被杀，范文程却安全地躲过了这场大灾难。

范文程的"古直士之风"深受顺治帝福临的欣赏，顺治称赞他"在盛京时不附贝勒，后亦不附睿亲王，众所共知"。顺治十一年，范文程官加少保兼太子太保，后又加升为太傅兼太子太师。到顺治十四年，范文程又恩诏加秩一级，其画像也被收藏于皇宫。

尽管这样，范文程为人依然谦虚谨慎。顺治九年，在他受命"监修太宗实录"时，他知道自己一生所进的奏章多关系到重大的决策问题，为了避免遗下祸根，便将草拟的奏章一概焚毁，而在实录中所记下的，也不足十分之一。

顺治十一年，范文程开始上疏称病，请求休养。最后，顺治帝才"暂令解任"。

范文程功成引退后，"辟东皋为别业，稍构亭馆，植卉木，引亲故，徜徉其中，时以诗书骑射课子弟，性廉谨好施与"，平安地度过了晚年。

康熙五年（1666年），范文程逝世，终年69岁。清廷对他的死深为痛惜，年轻的康熙皇帝亲撰祭文，赐葬怀柔的红螺山，立碑以记其功绩。后来，康熙皇帝还亲书"元辅高风"横额，挂在范文程的祠堂，对他的一生功绩给予了极高的评价。

□故事感悟

在错综复杂的政治斗争中，范文程有勇气、有智谋，坚持原则又能自保其身，算得上是一个明智而又坚定的君子。

范文程的个人成就

范文程任职期间，曾大胆地提出，治理天下首先在于会用人。他针对清朝重满族轻汉族和任人唯亲大搞宗派的弊政提出了建议，建议朝廷各部院大臣都应该推荐人才，"不论满汉新旧，不拘资格，不避恩怨，取真正才守之人"去充当各级官吏。

范文程的这种选拔、培养人才的方法，获得了顺治皇帝的赞许。顺治十一年（1654年），清廷为了表彰范文程的功绩，加少保兼太子太保，后又加升太傅兼太子太师；到顺治十四年（1657年）又恩诏加秩一级，并将其画像收藏在皇宫之内。

中秋日闻海上捷音

（清）康　熙

万里扶桑早挂弓，水犀军指岛门空。
来庭岂为修文德，柔远初非黩武功。
牙帐受降秋色外，羽林奏捷月明中。
海隅久念苍生困，耕凿从今九壤同。

第三篇

文风严谨 大家之习

后世师表的孔子

孔丘 （公元前551—前479），字仲尼，汉族人，春秋时期鲁国人。他是我国古代伟大的思想家和教育家，儒家学派创始人，世界最著名的文化名人之一，与孟子并称"孔孟"。他编撰了我国第一部编年体史书《春秋》。据有关记载，孔子出生于鲁国陬邑昌平乡（今山东省曲阜市东南的南辛镇鲁源村）。孔子逝世时，享年73岁，葬于曲阜城北泗水之上，即今日孔林所在地。孔子的言行和思想主要载于语录体散文集《论语》及先秦和秦汉保存下的《史记·孔子世家》之中。

孔子生于春秋末期，是儒家思想、学术流派的创始人。在历史上，儒家思想作为影响深远的思想、学术流派是毋庸置疑的，孔子也可称得上是万世师表，是学而不厌、诲人不倦的师者表率，是我国历史上最早也是最伟大的教育家。司马迁在《史记·孔子家世》中盛赞孔子是"高山仰止，景行行止"的伟人。孔子学识渊博、严谨，是治国安邦的政治家，也是一位保守的思想家。

"仁爱"是孔子思想的核心，诲人不倦的教育理念和严谨治学的精神也是他的思想精华。

2000多年前的春秋战国时期，是我国文化、思想最活跃的时期，诸子百家都在寻觅治国、强国的方略，选聘谋士，逐渐形成了一个知识阶层，各种学术流派、思想流派显露出各自的主张和才能，纷纷著书立说，从而形成了一种百花齐放、百家争鸣的局面。

孔子聚众讲学，尤其自齐返鲁，无意仕途，退而修诗、书、礼、乐以授徒，在选定教材中边选边定，边教边修。

《诗》又称《诗经》，是孔子从民间或官场中流传的3000多首诗中优选出的305篇，所以又称"诗三百"。其中国风160篇，雅诗（大雅、小雅）105篇，颂诗40篇。孔子编订的《诗》以诗六义授弟子，孔子曰："兴于诗"，"立于礼"，"成于乐"，"不学诗无以言"。在当时官场上和知识阶层中，都把"诗"中的名句作为流行、时尚的交流语言，引经据典就讲诗曰诗云。孔子删定的《诗经》，为我国诗坛留下了极其宝贵的文化遗产。

孔子还编撰了《礼记》《乐记》。原来的六经《易》《书》《诗》《礼》《乐》《春秋》，因《乐记》的遗失而成了"五经"。

孔子自编、自选、自定教材，这种废寝忘食、乐而忘忧的严谨治学态度，令后人万世敬仰，为后世师者起到了极伟大的示范作用。

"知之为知之，不知为不知，是知也。"几乎人人都知道孔子这句话，这也是孔子做学问的态度——治学严谨、求实。他曾说："夏礼，吾能言之，杞不足征之；殷礼，吾能言之，宋不足征也。文献不足故也，足则吾能征之矣。"意思是说，夏朝的礼，我能说出来，但它的后代杞国不足以作证明；殷朝的礼，我能说出来，但它的后代宋国不足以作证明。这是杞国、宋国资料和熟悉历史的贤人不够的缘故。如果资料充足，那么我就可以用来作证明了。这足以说明孔子治学严谨、扎实的态度。

孔子一生勤奋好学，诲人不倦，是举世公认的万世师表。孔子在答子贡时曾说："赐也，汝以予为多学而识之者与？"孔子又说："非也，予一以贯之。"意思是说：子贡，你以为我学了很多知识，又都记住的吗？不是的，我只是能够用一个根本的观点来贯穿它们。这就告诉我们，研究学问要抓重点，掌握事物的基本规律。而要做到这一点，就要求我们做好调查研究工作，收集大量的资料，把握事物发展的规律，跟上形势发展的需要，不论是理论研究还是实例研究，都应该坚持言之有物、言之有据、言之有理，切忌空谈。

正因为孔子具备这种严谨的治学处世态度，才让他成为万世之师。

■故事感悟

要想成为千古的圣贤，没有严谨的态度和不断追求真理的精神是不行的。孔子学富五车，名扬四海，尚且如此严谨认真，更不用说我们这些平凡的人了！

■史海撷英

孔子家世

据《史记·孔子世家》记载，孔子的祖先原本是殷商的后裔。在周灭掉商后，周成王便封商纣王的庶兄、商朝忠正的名臣微子启于宋，建都商丘（今河南商丘一带）。微子启死后，其弟微仲即位，即为孔子的先祖。

孔子的六代祖名叫孔父嘉，是宋国的一位大夫，曾做过大司马，后在宫廷内乱中被杀。自孔父嘉后，其后代子孙便开始以孔为姓。其曾祖父孔防叔为逃避宋国内乱，从宋国逃到了鲁国。从此，孔氏便在陬邑定居，成为鲁国人。

孔子的父亲为叔梁纥，母亲为颜徵在。叔梁纥是当时鲁国有名的武士，曾有过两次战功，因单臂托住悬门让冲进城池的部队撤出而闻名。叔梁纥先娶妻施氏，生有9个女儿，没有儿子。后来又娶妾，才生了一个儿子，便取名伯尼，又称孟皮。孟皮的脚有毛病，依照当时的礼仪，孟皮不宜继嗣，于是叔梁纥又与年轻女子颜徵在生了孔子。

公元前551年（鲁襄公二十二年），孔子生于鲁国陬邑昌平乡（今山东曲阜市东南）。因父母曾为生子而祷于尼丘山，故名丘，字仲尼。

孔子19岁时，娶宋国人丌官氏为妻，一年后丌官氏生子。鲁昭公曾派人送鲤鱼表示祝贺，孔子感到十分荣幸，便给儿子取名为鲤，字伯鱼。鲁哀公十年（公元前485年），孔子的夫人丌官氏去世。

□文苑拾萃

孔 子

（宋）王安石

圣人道大能亦博，学者所得皆秋毫。
虽传古未有孔子，蟪蛄何足知天高。
桓魋武叔不量力，欲挠一草摇蟠桃。
颜回已自不可测，至死钻仰忘身劳。

司马光十九年修成一书

> 司马光（1019—1086），北宋时期著名史学家、散文家，字君实，陕州涑水乡（今山西夏县）人，世称涑水先生。仁宗宝元二年（1038年）进士。庆历八年，司马光官至大理寺丞，召试，授馆阁校勘，累除知制诰，改天章阁待制，知谏院。英宗朝，任龙图阁直学士，改右谏议大夫。神宗时，擢翰林学士，判西京留司御史台，拜资政殿学士。因竭力反对王安石变法，于熙宁四年（1071年）离朝退居洛阳。哲宗即位次年，任尚书左仆射、门下侍郎，废除新法。同年司马光卒，封温国公，谥文正。著有《温国文正司马公文集》《稽古录》。司马光一生大部分精力都奉敕编撰《资治通鉴》，共费时19年。

司马光是北宋时期著名的史学家、散文家，同时他也参与政治。在政治上，他是保守的，但在史学方面，他的成就又是辉煌的。他主编的《资治通鉴》同西汉司马迁的《史记》是史学史上的两颗明珠，至今仍为世人所推崇。

《资治通鉴》记载了上起战国周烈王、下至五代周世宗时期的1362年的历史。全书共294卷，还有《考异》《目录》各30卷，其规模之大，令人叹服。

司马光为了编定《资治通鉴》，翻阅了大量的书籍资料。宋神宗下旨，允许他借阅"集贤""昭文""史馆"三大书库的所有书籍，并特许可借阅"龙图阁、天章阁及秘阁"的藏书。宋神宗还将自己私藏的2400余卷书献出来，供司马光参考。除此之外，司马光还参阅了大量的野史、谱录、正集、别集、墓志等资料，共222种，计3000多万字。

司马光学风严谨，对自己要求也很严格。他为自己规定，每三天修改一卷。一卷史稿四丈长，平均一天修改一丈多，若遇事耽误了，事后必须补上。每天晚上他总是让仆人先睡，自己点上蜡烛工作到深夜，第二天凌晨又起身继续工作。天天如此，19年如一日。夜里，他怕因困乏睡过了头，便让人用圆木做了个枕头，木枕光滑，稍稍一动，头即落枕，人便惊醒，后人称此枕为"警枕"。

司马光的住处夏天闷热，无法工作，他便让人在屋子里挖一个大坑，砌成一间地下室。地下室冬暖夏凉，成了他编书的好地方。而当时的大官僚王宣徽每到夏天就到他名园的高楼上避暑享受，人们笑说："王家钻天，司马入地。"司马光修改过的书稿堆满了整整两间屋子，书法家黄庭坚曾看过其中的几百卷，发现这些书稿全部是用工笔楷书写成的，没有一个草字。

司马光曾问他的好友邵雍："你看我是怎样的一个人？"

邵雍回答说："君实，脚踏实地人也。"

意思是说，司马光研究学问严谨刻苦，踏实认真。这就是"脚踏实地"成语的来源。

司马光为了编写《资治通鉴》，整整花了19年的时间。在开始编写时，司马光48岁；编完时，他已是66岁的老人了。在这19年中，司马光"秉烛至深夜，警枕破黎明"，而且还常常为了一个小小的不确定的内容而花很多的时间去寻找资料求证，绝不轻易下笔，可谓严谨异常。

长期的伏案工作耗尽了司马光的心血，刚过60岁，他便视力衰退，牙齿脱落，面容憔悴。《资治通鉴》写成后，还没等出版，司马光便与世长辞了。

为了悼念这位伟大的史学家，皇帝宋哲宗亲自临丧，并下旨为他举行隆重的官葬。司马光的家乡山西夏县的人们为纪念他，特为他建了墓碑亭，树起一块巨碑。这块巨碑连同底座高达9米，比帝王神道碑和墓碑还要高大。碑额刻有宋哲宗的御篆"忠清粹德之碑"的字样，大文学家苏东坡为其撰写了碑文。

■故事感悟

《资治通鉴》是中国第一部编年体通史，司马光用他独有的严谨文风，呕心沥血，耗时19年才完成。作为一部具有重要历史价值的专著，司马光在编写过程中没有丝毫含糊，用严谨的写作态度，还原历史事实，让我们看到了那些真实存在的历史。他的这种精神，更是我们学习的榜样。

■史海撷英

青年时期的司马光

司马光从小便勤奋好学，尤其爱读史书。在7岁那年，司马光听老师讲《春秋左氏传》，很感兴趣。回家后，他就头头是道地讲给家人听，大家都很惊奇。《春秋左氏传》对童年时代的司马光产生了很大的影响，后来他之所以能写出《资治通鉴》这样的历史巨著，与这部书对他的影响是分不开的。

司马光20岁时考中了进士，但他继续刻苦学习，一有空就钻研历史。

司马光发现，自古以来的历史著作虽然繁多，但缺乏一部比较系统完整的通史。他想，如果能有这样一部通史，把我国的历史从古到今系统地加以介绍，那该多好。于是，他决心自己动手来编写。

该怎样编写这部书呢？经过反复思考，司马光决定采用编年体的形式，也就是按年代的顺序来编写。他对人说："我要采纳各种各样的说法，写成一家之言。"

体裁确定以后，司马光用了两年时间，写成了一部从战国到秦末的史书。这部书有八卷，名叫《通志》。这也是后来《资治通鉴》的雏形。

□文苑拾萃

西溪公宴二首

（宋）司马光

五马非从乐，西城念劝功。
翠帷低映水，红旆不胜风。
叶脱青山静，云归碧落空。
淹留尽佳兴，新月渐朦胧。

范仲淹严谨教子

范仲淹（989—1052），字希文，原名朱说，谥号"文正"，北宋政治家、文学家、军事家，汉族，祖籍陕西彬州（今陕西省咸阳市彬县），生于苏州吴县（今江苏省苏州市）。真宗大中祥符八年（1015年）进士，恢复范姓，后官至参知政事（副宰相）。

宋代范仲淹写的《岳阳楼记》人们都很熟悉，其中"先天下之忧而忧，后天下之乐而乐"的名句更是家喻户晓。可人们不一定知道，他还是一位善于带兵打仗的军事家、敢于兴利除弊的政治家。此外，他还是一位教子有方、厉行严谨家风的好父亲。

范仲淹小时候家里贫穷，所以他十几岁才开始上学读书。为了求学，范仲淹过着十分艰苦的生活，每天只熬一锅粥，待冷了凝成粥冻以后，每餐就用几条咸菜下粥，最终成长为一个很有学问的人。

做官以后，范仲淹也牢记穷苦百姓，以"先忧天下"为座右铭。他对两个儿子更是严格要求，经常将自己艰苦求学的故事讲给他们听，要他们保持勤俭家风。在他的教导下，两个儿子都很懂事孝顺，也都学有所成。

二儿子范纯仁结婚前，提出想把婚事办得有排场一些，还想购置一些上等的物品，认为这是人生大事，破费一点也是应该的。但他深知父亲的脾气，便列出一张清单征求父亲的意见。范仲淹看后皱起了眉头，然后摇摇头说："这太过分了，哪能这么铺张！"

说完见儿子低头不语，不像平时那样乐意地听取自己的意见，范仲淹又亲切地说："孩子，我不是舍不得花钱。我也知道是亲家那边想风光一下，但我们在任何时候都不能丢掉范家的家风，不能忘记'先忧天下'的信条啊！"

一席话说得深明事理的儿子点头称是，忙把清单改了又改，最后只办了一个简朴大方的婚礼，受到了人们的称赞。

范仲淹晚年时，儿子见他还住在简朴的老房子里，于心不忍，就想给他造间大宅养老。有一天在吃饭的时候，儿子提出了给他盖大房子的建议，范仲淹听后脸色一沉，说什么也不同意。他认为自己现在的房子虽比不上他的同僚们，但已经比大多数人的居住条件好多了。

儿子们听了父亲的教诲，遵从了他的意见，就将父亲积攒的俸禄拿来周济贫困的亲友、部下和老百姓，对此，范仲淹欣慰地笑了。

□故事感悟

有其父必有其子，家庭的教育和影响对孩子的成长十分重要。范仲淹深知这一点，他本着对生活的理解和信仰，对儿子实行严谨的家教，教子从俭。正是这样严谨的家风，让儿子们也学会了做人的道理，懂得如何去约束自己。

范仲淹的仁慈之心

范仲淹在担任邠州的地方官时，有一天闲暇无事，他就带着同僚属下登上高楼，设置酒宴。还没等举杯饮酒，范仲淹就看到几个披麻戴孝的人在营造下葬的器具。范仲淹不但没有生气，还马上派人去询问他们。

原来是一个客居在邠州的读书人死了，准备埋葬在近郊，但是棺材、墓穴和其他送葬器物都还没有着落。范仲淹听后，露出哀悼的神情，并命人立即撤去酒席，还给丧家一笔可观的钱，让他们办丧事。参加宴会的客人中，有的为此感动得流下了眼泪。

"一家哭怎么比得上一路哭呀"

北宋庆历年间，朝廷实行庆历新政。范仲淹为了贯彻新政，特地派了一批"按察使"到各地去视察，然后根据按察使送回来的报告把那些不能胜任的官员一一从登记簿上除名。

有一个大官，看到范仲淹勾掉了很多官员的名字，非常吃惊，劝告他说："一笔勾掉一个名字很容易，可是，被勾掉的一家人都得哭了。"

范仲淹回答说："一家哭怎么比得上一路哭呀！"（宋代的路相当于现在的省）

这句话说得很深刻。把一个不能胜任的官员除名，只不过影响那个官员的一家；但如果让他继续为官，将有多少人因受害而哭啊！

然而，范仲淹的改革并没有解决社会的根本问题，而且在实行新政的过程中还触犯了一些封建贵族的利益，遭到了许多保守官僚的反对。所以，庆历新政只推行了一年多，范仲淹就被降职了，他的改革也跟着失败了。

欧阳修治学严谨求实

　　欧阳修（1007—1072），字永叔，号醉翁，又号六一居士，出生于绵州（今四川绵阳），是北宋时期著名的政治家、文学家、史学家和诗人。欧阳修与韩愈、柳宗元、王安石、苏洵、苏轼、苏辙、曾巩合称为"唐宋八大家"。仁宗时，欧阳修累擢知制诰、翰林学士；英宗时，官至枢密副使、参知政事；神宗朝，迁兵部尚书，以太子少师致仕。卒谥文忠。

　　欧阳修是北宋著名的文学家，其诗文名满天下，传于后世。之所以有如此成就，不能不归功于他严谨的治学态度和文风。

　　据《宋稗类钞》记载：有一次，欧阳修替人写了一篇《相州锦堂记》，其中有这样两句："仕宦至将相，富贵归故乡。"交稿后，他又推敲了一下，觉得不妥，便派人骑快马将稿子追回，修改后再送上。来人接过改稿，草草一读，很是奇怪：这不还和原稿一模一样吗？后来，仔细研读后才发现，全文只是将"仕宦至将相，富贵归故乡"改成了"仕宦而至将相，富贵而归故乡"，快马追回的稿子只是加了两个"而"字。但他反复吟诵后，才发现个中妙处。

原来，改句中增加了两个"而"字，意义虽未改变，但是读起来语气由急促变为舒缓，音节和谐，增加了语言抑扬顿挫的音律美。

欧阳修所写滁州的诗文，对滁州山水之美作了极其生动的描绘，所写均为亲身所见，他的诗文也认真严谨，没有虚构。如在《醉翁亭记》中写琅琊山，以"林壑尤美""蔚然深秀"概括，同时以简练的笔触写出了琅琊山早晚和四时的景色："日出而林霏开，云归而岩穴暝，晦明变化者，山间之朝暮也。野芳发而幽香，佳木秀而繁阴，风霜高洁，水落而石出者，山间之四时也。"

欧阳修在《丰乐亭记》中则写道："风霜冰雪，刻露清秀，四时之景，无不可爱。"

他的许多诗写景寄情，语言精美，读后同样令人回味无穷。如他在《题滁州醉翁亭》中写道："但爱亭下水，来从乱峰间。声如自空落，泻向两檐前。流入岩下溪，幽泉助涓涓。响不乱人语，其清非管弦。"真是美不胜收！因此，后人在醉翁亭不远处建了听泉亭，让人们不断体会这美好的诗意。

又如他的《琅琊山六题》中，对琅琊山归云洞、琅琊溪、庶子泉等各个景点都作了生动的描绘。虽然每首诗只有四句，但极尽点睛之笔，字字珠玑。

欧阳修描写滁州及琅琊山的诗文，以其诗文的优美及其个人的人品、地位，吸引了许多文人墨客、达官显贵竞相来滁州探幽访胜。欧阳修在滁时，有的是直奔欧阳修而来；欧阳修离滁后，则因欧公之诗文以及欧公之遗迹而来。他们在这里不仅留下足迹，也留下墨迹，日积月累，描写琅琊山及滁州的诗文难以计数。

1988年，《琅琊山志》选录欧阳修及其以后的各代诗篇150余首（包括部分当代诗歌），依然只是全部琅琊山诗文的一部分。用"有形资产"

和"无形资产"的现代词汇来说，欧阳修无论从哪一方面都给滁州留下了宝贵的财富。

■ 故事感悟

没有严谨治学的态度，就写不出完美的诗文；没有严谨求实的文风，就写不出精美的词句。欧阳修用他严谨的态度创作出了伟大的文学作品，为滁州及琅琊山今日文学的繁盛奠定了坚实的基础。

■ 史海撷英

欧阳修行文求简

欧阳修在翰林院任职时，一次，他与同院三个下属出游，见路旁有匹飞驰的马踩死了一只狗。欧阳修就提议："请你们分别来记叙一下此事。"

只见一人率先说道："有黄犬卧于道，马惊，奔逸而来，蹄而死之。"

另一人接着说："有黄犬卧于通衢，逸马蹄而杀之。"

第三人说："有犬卧于通衢，卧犬遭之而毙。"

欧阳修听后笑道："像你们这样修史，一万卷也写不完。"

那三人连忙请教："那你如何说呢？"

欧阳修道："'逸马杀犬于道'，六字足矣！"

三人听后脸都红了，比照自己的冗赘，深为欧阳修为文的简洁所折服。

鲁迅做事一丝不苟

鲁迅（1881—1936），浙江绍兴人。原名周树人，字豫山、豫亭，后改名为豫才。他是中国现代伟大的文学家、思想家、革命家和教育家。他出身于没落的封建家庭，1902年去日本留学，原在仙台医学院学医，后从事文艺工作，希望用以改变国民精神。1918年5月，他首次用"鲁迅"的笔名发表了中国现代文学史上第一篇白话小说《狂人日记》，奠定了新文学运动的基石。五四运动前后，鲁迅参加《新青年》杂志工作，成为"五四"新文化运动的主将。1930年起，鲁迅先后参加中国自由运动大同盟、中国左翼作家联盟和中国民权保障同盟，反抗国民党政府的独裁统治和政治迫害。1936年10月19日，鲁迅病逝于上海。

鲁迅先生不仅是一位热情的战士，也是一位冷静的学者。他的治学精神和他那勇敢的战斗精神一样，黑白分得很清楚。他在学问上也是决不妥协的，如果要研究什么，他便把握住它，丝毫不肯放松。

鲁迅先生在三味书屋读书时，喜欢种花，就向师友要来花籽，对照《花镜》一盆一盆地栽种，并且一一插上标签，标明花名、品种、习性等，然后认真观察，仔细研究。当他发现实际种植中与书上所记载的不同时，就根据实践经验，在书中加上自己的批注。他读过的《花镜》一书上，这样的批注就有很多。

自从新艺术的理论被介绍到中国以后，从根本上介绍得最多最好的只有他一个人。鲁迅有许多出版的书籍，从校对到封面的装帧，全部出自他一人之手。他校对时，一个字一个字地细校，决不苟且，决不马虎放过，决不肯有半点儿放松。不马虎，不苟且，从根本上做功夫，这便是他的治学精神。

能反映鲁迅治学严谨、细致精微的学术作风的，要算他辑录的《嵇康集》这部著作了。鲁迅对嵇康这位三国魏末的著名文学家有着特殊的感情，对《嵇康集》一校再校，投入了大量精力，付出了艰苦的劳动。他的挚友许寿裳回忆说："自民二以后，我常常见鲁迅伏案校书，单是一部《嵇康集》不知道校过多少遍，参照诸本，不厌精详，所以成为校勘最善之书。"

在抄校、辑录古籍的同时，鲁迅对佛学也进行了深入的钻研。1914年，鲁迅大量购买佛经和佛学书，几近全年购书的一半，有些佛书鲁迅还精心地抄录下来。

1915年以后，鲁迅又开始潜心研究金石学。为了搜集各种拓片，鲁迅不遗余力，频繁地出入琉璃厂与小市，购进大量的碑帖拓片和古代器物。鲁迅一生收集的6000种拓片，大部分都是在这个时期购进的。

拓片搜集到手后，鲁迅便在会馆默默地抄录、校勘古碑，整理和编制金石目录。这是一项极为细致、费时费力的工作。这一时期的《鲁迅日记》中经常出现"录碑""夜校碑"的记载。

1917年1月22日，《鲁迅日记》中记道："旧历除夕也，夜独坐录碑，殊无换岁之感。"除夕之夜，家家都在忙着吃年夜饭，合家团聚，而鲁迅却独自一人坐在会馆的煤油灯下，聚精会神地录碑。鲁迅是寂寞的，可一旦沉入浩瀚的中国文化长河中，便感到有大量优秀的传统文化精华需要发掘和整理，有许多迫切的工作等待他去做。

这一时期，鲁迅先生亲手抄录的各朝代古碑约有1721页，保存至今的《金石萃编校文》中共校碑90余种，每种均有鲁迅的校文或按语。他校出并补正了《金石萃编》的200多处缺漏和错误，立志要精密地写成一本可信的定本。

辑录校勘古籍，抄写考证古碑，研究佛经和石刻画像的生活，体现了鲁迅严谨治学的态度，又为他以后的文学战斗生涯打下了坚实的基础，也为整理祖国的文化遗产作出了重要贡献。1920年以后，鲁迅在北大以及其他几所大学教授中国小说史的课程，并写出了《中国小说史略》《汉文学史纲要》等重要学术著作，这正是鲁迅在会馆中潜心整理、研究古籍的成果。

■故事感悟

大凡能静下心来，用严谨不苟的态度去钻研一件事情的人，必然能成为大家。作为一名伟大的文学家、思想家、革命家和教育家，鲁迅始终用这种严谨的精神去做每一件事情，这是非常值得我们学习的。

■史海撷英

鲁迅弃医从文

最初，鲁迅认为国弱是因为中国人的体质弱。但后来才发现，其实并非如此。

在日本，作为弱国子民的鲁迅，经常受到具有军国主义倾向的日本人的高度歧视。在日本人眼里，凡是中国人都是"低能儿"，鲁迅的解剖学成绩获得了95分，就被他们怀疑为担任解剖课的教师藤野严九郎把考题泄露给了他。这使鲁迅深感作为一个弱国子民的悲哀。

有一次，在上课前放映的幻灯画片中，鲁迅看到一个中国人为俄国人做侦探，被日本军队捉住杀头。一群中国人却若无其事地站在旁边看热闹，这让鲁迅受到了极大的刺激。这时他才认识到，精神上的麻木比身体上的病弱更加可怕。要改变中华民族的悲惨命运，首要要改变所有中国人的麻木精神，于是，他希望通过文字唤醒民众的觉悟，从而让中国人在思想上得到"治疗"。

于是，鲁迅弃医从文，离开仙台医学专门学校，回到东京，翻译外国文学作品，筹办文学杂志，发表文章，从事文学活动，并从此走上了一条文学救国的道路。

■文苑拾萃

新文体运动

新文体运动是近代文学史上改良运动的重要内容之一。

在新文体运动中，影响最大的人物是梁启超。他不仅是新体散文的倡导者，而且成就也最大。他自称"凤不喜桐城派古文"，打破了"幼年为文，学晚汉魏晋，颇尚矜炼的束缚，自求解放"，"务为平易畅达，时杂以俚语，韵语及外国语法，纵笔所至不检束"，"而条理明晰，笔锋常带感情，对于读者，别具一种魅力"。

新文体运动的典型代表作品是梁启超的《少年中国说》。在这篇作品中，梁启超充分发挥了散文的宣传教育作用，使之成为政治斗争最有力的工作。新文体运动对一切传统古文都是一次猛烈的冲击，为晚清的文体解放和"五四"时期的白话文运动开辟了道路。

朱自清为文考证

朱自清（1898—1948），原名自华，字佩弦，号秋实，原籍浙江绍兴，生于江苏东海县，现代散文家、诗人、教授。1920年，朱自清毕业于北京大学哲学系，学生时代即创作新诗，后又从事散文写作。1920年秋，朱自清创办《诗刊》。1925年，到北京清华大学中国文学系任教，不久任系主任。抗日战争时期，任西南联合大学教授。抗战胜利后，仍在清华大学任教，并积极支持反对国民党独裁统治的学生运动。1948年8月20日，朱自清因贫病在北平逝世。著有散文集《背影》《欧游杂记》《你我》《伦敦杂记》，文艺论著有《诗言志辨》《论雅俗共赏》等。

　　朱自清是我国现代著名的散文家，他一生致力于散文创作，取得了引人注目的成就。1928年出版的纪实性散文《背影》，使朱自清成为当时负有盛名的散文作家。他的散文以娴熟高超的技巧和缜密细致的风格，表现出了新文学的艺术生命力，被公认为是新文学运动中成绩卓著的散文作家。然而，就是这样一位大家，却始终保持着严谨的治学态度。

　　《荷塘月色》是朱自清的一篇令人耳熟能详的佳作。这篇文章写的是盛夏时节，但文中创造的意境没有一点儿暑气。全文格调素淡朦胧，宁静和谐，暗中浸透出的凉爽，仿佛写的不是盛夏酷暑，而是悦目宜人的初秋。读过《荷塘月色》的人，也都会记得朱自清笔下关于"月下荷塘"的一段描写："树缝里也漏着一两点路灯光，没精打采的，是渴睡人的眼。这时候最热闹的，要数树上的蝉声与水里的蛙声。"

然而，在20世纪30年代时，有一位名叫陈少白的读者写信给朱自清。他认为，这段描写有些失真，因为蝉在夜里是不叫的。

对于读者的这个质疑，朱自清很重视，特意问了好几个人，而他们也都赞同那位读者的看法。于是，朱自清又写信请教同事、昆虫学家刘崇乐。

几天后，刘崇乐便拿出一段书中的抄文，对朱自清说："好不容易才找到这一段儿！这里著者说，平常夜晚蝉是不叫的，但在一个月夜，他却清楚地听到它们在叫。"

朱自清拿到这个抄文，本可以作为自己并没有写错的证据，可是，一向治学严谨的朱自清认为，"刘先生是谨慎的科学家，关于这问题，他自己其实没有说一个字"。既然专家都没有表态，那么那一段记录也许是个例外。

所以，朱自清在给陈少白回信时，就告诉他说，自己请教了专家，专家也说夜晚蝉是不叫的，并表示以后再版，他将删掉有关"月夜蝉声"的句子。

到了抗战初期，那位陈姓的读者在《新学生》月刊上发表文章讨论这个问题，并引用了朱自清的那封回信，同时，也引用了王安石写夜蝉鸣叫的诗句"鸣蝉更乱行人耳"（《葛溪驿》）。而在这几年中，朱自清由于"有这切己的问题在心里"，所以十分关注这个问题。他还曾两次亲耳听到过月夜里蝉发出叫声，与《荷塘月色》中所叙的有相同的地方。

当看到陈姓读者的文章时，朱自清很想写信给他，告诉他自己对昆虫学家的话有所曲解，现在自己的确听到了"月夜鸣蝉"。可是，朱自清不知道他的地址。于是，对读者一贯认真负责的朱自清专门写了一篇题为《关于〈月夜蝉声〉》的文章，对这个问题进行了公开作答。

朱自清感慨地说："我们往往由常有的经验作概括的推论。例如，由有些夜晚蝉子不叫，推论到所有夜晚蝉子不叫，于是相信这种推论便是真理。其实只是成见，这种成见足以使我们无视新的不同的经验，或加以歪曲的解释。我自己在这儿是个有趣的例子。"

从这件小事上，我们不但可以感受到朱自清对作品、对读者极其认真负责的态度和谦和严谨的作风，更重要的是，他还让我们看到了一个学者对"真"的执著追求。

■故事感悟

朱自清用自身实例告诉我们，重实证而勿盲从，对于别人的经验，不管是古人说的、书中写的，还是"权威"讲的，都应该认真思考，敢于质疑，坚持实践求证，不能照抄照传。对于有疑问的地方，无论是别人的还是自己的，都应该坚持到实际生活中去求证，只有通过求证才能证明其正确与谬误。

■史海撷英

朱自清宁可饿死不受美援面粉

20世纪40年代，中国百业萧条，物价飞涨，民不聊生，就连高等院校的教授生活也难以维持了。这时，朱自清也是贫病交加，一家老少每天都只能以稀粥糊口，食不饱腹。当局为了缓和教授们的不满，便给他们发了"面粉配给证"，凭此证可以购买美国援助的平价面粉。

当时，美国驻华大使司徒雷登、驻沪总领事卡德宝大放厥词，攻击中国人民不识好歹，恩将仇报。据此，著名学者张奚若、吴晗于1948年6月17日起草了《百十师长严正声明》，反击美国政府的诬蔑与侮辱。声明的最后说："为表示中国人民的尊严和气节，我们断然拒绝美国具有收买灵魂性质的一切施舍物资，无论是购买的或给予的。下列同仁同意拒绝购买美援平价面粉，一致退还配给证，特此声明。"

6月18日，吴先生拿着声明书到朱自清家中征求签名。这时，朱自清正在犯胃病，卧床不起。吴先生对朱自清说："朱先生家老少九口，日子过得特别艰难，若在声明上签字，经济损失比别的教授都大。但我还是来了，是为尊重你的意见，总之是不要勉强。"

"我的秉性，吴先生是知道的。春秋时气节之士黔敖坚持不吃嗟来之食活活饿死，傲骨可嘉，足可为人师表。故我宁可饿死，也不要带有侮辱性施舍的美援面粉。"朱自清说罢，支撑着坐了起来，毫不迟疑地拿起笔，在声明上工工整整地写上了"朱自清"三个字。

当天晚上，朱自清在日记里写了下面一段话。

"在拒绝美援和美国面粉的宣言上签名，这意味着每月的生活费要减少600万法币。下午认真思索了一阵，坚信我的签名之举是正确的，因为我们反对美国扶植日本的政策，要采取直接的行动，就不应逃避个人的责任。"

6月21日，朱自清让夫人陈竹隐退还了"面粉配给证"。次日，他瞥见书架上还存有几张当月的面粉票，马上对妻子说："快去退了，还有小半袋面粉一并带走，干净彻底。"

到了8月12日，朱自清因病不治逝世，弥留之际曾张合嘴巴似有话说。夫人陈竹隐俯下身去，他吃力地、断断续续地说："有一件事务必牢记，我是在拒绝美援的文件上签了字的，今后无论如何困难，都不能再要配给的美援面粉。"

□文苑拾萃

无　题

朱自清

月余断行迹，重过夕阳残。

他日轻离别，兹来恻肺肝。

居人半相识，故宇不堪看。

向晚悲风起，萧萧枯树寒。

三年于此住，历历总堪悲。

深浅持家计，恩勤育众儿。

生涯刚及壮，沈痼竟难支。

俯仰幽明隔，白头空自期。

相从十余载，耿耿一心存。

恒值姑嫜怨，频经战伐掀。

靡他生自矢，偕老死难谖。

到此羁孤极，谁招千里魂？